[法] 阿莱特·法尔热

著

杨书童

译

蒙让夫人的反抗：
启蒙时代一对工匠夫妇的生活

生活·讀書·新知 三联书店 生活書店出版有限公司

Simplified Chinese Copyright © 2023 by Life Bookstore Publishing Co. Ltd.
All Rights Reserved.
本作品版权由生活书店出版有限公司所有。
未经许可，不得翻印。

La révolte de Mme Montjean
L'histoire d'un couple d'artisans au siècle des Lumières
By Arlette Farge, the Author.
Copyright © Editions Albin Michel-Paris, 2016

图书在版编目（CIP）数据

蒙让夫人的反抗：启蒙时代一对工匠夫妇的生活 /（法）阿莱特·法尔热著；杨书童译. —北京：生活书店出版有限公司，2023.1
ISBN 978-7-80768-315-5

Ⅰ.①蒙… Ⅱ.①阿…②杨… Ⅲ.①社会生活-历史-研究-法国-1775 Ⅳ.① K565.3

中国版本图书馆 CIP 数据核字（2022）第 178157 号

责任编辑	赵庆丰
装帧设计	范晔文
责任印制	孙 明
出版发行	生活書店出版有限公司
	（北京市东城区美术馆东街 22 号）
邮　编	100010
印　刷	三河市腾飞印务有限公司
版　次	2023 年 2 月北京第 1 版
	2023 年 2 月北京第 1 次印刷
开　本	889 毫米 ×1194 毫米　1/36　印张 4.5
字　数	80 千字　图 13 幅
印　数	0,001–5,000 册
定　价	42.00 元

（印装查询：010-64052612；邮购查询：010-84010542）

目 录

前 言
001

人 物
005

情节概要
007

第一章　蒙让写下日记
009

第二章　城市/乡下，家里/外面
021

第三章　"女化家"
039

第四章　从早到晚，忙个不停
049

第五章　法律上的烦恼?
069

第六章　蒙让：定格
083

第七章 "小放荡主义者"的圈子,蒙让夫人的朋友们
093

第八章 决斗后的混乱
117

结论:奇特的悲剧
139

前　言

当我在法国国家档案馆的 Y 系列司法案件档案中发现这本日记的手稿时，我的第一个想法就是将它出版。这本日记出自一位手工匠人——蒙让先生之手，几乎每日一记，实属难得。其中的每字每句、每一个缺少标点符号之处、每件事的叙述方式、所用的书写字体，都向大众展现出了这个男人的生活片段。由于无聊或是出于对上流社会之乐趣的渴望，他的妻子试图从现有的社会阶层中挣脱而出。面对妻子带来的新的生活方式，他手足无措。我知道，原封不动地出版这本日记是不可能的，这不仅仅是指在意义层面上很难去解读它；由于蒙让先生受教育程度并不高，日记中拼写、句法错误比比皆是，有时我们甚至无法还原其中的句子结构，所以，在文本层面上，理解它也是很有难度的。

一瞬间，我想起了很久以前，在出版关于家庭的监禁请愿[1]时，我与米歇尔·福柯（Michel Foucault）进

---

[1]　译注：这里应该是指作者和福柯合著的《混乱的家庭：巴士底狱档案馆中的密札》（*Le désordre des familles. Lettres de cachet des Archives de la Bastille*）一书。

行的漫长而热烈的讨论。对福柯而言，父母的来信无须多加评论，他认为这些信是如此强烈而美丽，同时具有悲剧性和审美性，既卑鄙又崇高。我稍稍反对这一想法，认为有必要将这些信件融入历史、社会和政治背景中，融入有关想法、感受以及性别关系的研究中。米歇尔·福柯是怎么被说服的，我永远不会知道；无论如何，我们决定按照一定的主题出版这些信件，并在誊录文稿的同时附上背景与内容解读。

当我发现这本"'被出轨'丈夫的日记"[1]时，我又一次想起了与米歇尔·福柯共同采用过的视角。我犹豫了，但并没有犹豫太久，我觉得有必要踏上一段不平凡的旅程，让自己沉浸在事实中，看看它们的形式，它们存在或疯狂的理由。这么做并不是为了去详尽地描述，那样就没什么意思了，而是为了走进这个对妻子的娱乐消遣深感困惑的手工匠人的思想和内心当中。这本日记勾画出了许多很有趣的历史场景，我们很少能在这样一个人的笔下读到——他受教育的程度并不高，总因财产和名誉上的损失以及各种不幸而惊惶。他记录了经济状况，记录了用餐、活动或散步的场景，记录了恶毒的争

---

[1] 手工匠人蒙让写于1774—1775年的日记，在法国国家档案馆卷宗中被命名为"'被出轨'丈夫的日记"（*Journal d'un mari trompé*），又名"争吵"（*La dispute*），编号为 ANY 11741。

吵引发的不快，记录了浮现又消失的情绪——这些情景在阅读的过程中触目可见。

将一本将近70页的日记手稿单独拿出来，从中提炼出一些知识，能算是历史吗？很多人都会问到这个问题。对我来说，这是显而易见的——这当然是历史，哪怕只是一个家庭及其朋友的历史。其中大量的细节不仅勾画出了一对夫妻的私生活，也显示出了当时的社会各阶层对待命运的不同态度——或试图逃离、拒绝命运，或以千百种理由接受它。这里有两种不同的生活观念交会在一起：一种为男性的，另一种为女性的。彼时，女性问题贯穿整个社会，从哲学家到作家，从医生到艺术家都参与其中。"编年史学家在叙述历史事件时不分事情大小，也是考虑到这样一个事实，即什么都没发生的一天在历史上也不算浪费。"［瓦尔特·本雅明（Walter Benjamin）《历史哲学论纲》（*Sur le concept d'histoire*）］。

这段历史正触及了生活本身及其意义，触及了社会阶层状况所带来的压力，触及了男性和女性的意愿，触及了他们想要挣脱自我的渴望，也触及了由此产生的挫折。用一句话来说，这关乎他们的反抗意识。而类似的社会张力在逐渐觉醒：厌倦、意义感的丧失、挣脱自我的渴望。直到法国大革命、工业革命、娱乐革命，这一切才得到了改变。这个世界看似遥远,但通过一对夫妇的声音,我们得以了解人们是如何在因循守旧和追求欲望的满足之间摇摆不定……

人 物

(依日记中的出场顺序列示)

蒙让先生（M. Montjean），裁缝、时装设计师，住在巴黎小场十字街（Croix-des-Petits-Champs）。在手稿中也被称为德蒙让（Demontjean）。

蒙让夫人（Mme Montjean），裁缝，与蒙让先生一同工作，其中一些订单来自荷兰。

两个孩子，其中一个女孩四岁。

罗奥先生（M. Rohault），蒙让夫人的父亲，住在日索尔乡村（Gisors）。

科舍罗夫人（Mme Cochereau），蒙让夫人的姐妹，丈夫是科舍罗先生。

德马尔先生（M. Demard），军官，蒙让夫人的朋友，他们是在乡下认识的。

德坎缇斯先生（M. de Quintice），蒙让夫人的姐夫/妹夫。

蒙让先生的父亲。

女画家，在文中被称为"女化家"（pintresse）。

女画家的丈夫，在收容院工作。

迪福尔（Dufour），比尼翁先生（M. Bignon）的私生子，蒙让夫人的朋友。

里谢（Riché），迪福尔的朋友，后来也变成了蒙让夫人的朋友。

德利尼（Deligny），蒙让夫人的堂兄弟，印刷厂老板。

印刷厂的小伙子，蒙让夫人的朋友。

迪布瓦（Dubois），歌剧院舞者。

博诺（Bonod）。

蒙让夫人的兄弟。

萨瓦人。

警官洛莫尼耶（Laumonier）。

情节概要

蒙让夫人在乡下父亲家住了一个月零三天后，带着四岁的女儿，回到了巴黎小场十字街的裁缝丈夫身边。回来后，她拒绝在店里工作，拒绝完成订单。在父亲家和朋友们一起度过的日子交际繁多，快乐无比，这让她坚信，男人"必须养活自己的妻子"，而妻子的日常消遣则是散步、打扮，还有跟比自己社会地位高的男男女女保持或多或少的暧昧。相比之下，她原本的生活突然间显得格外无趣。

蒙让先生被各种事情弄得筋疲力尽，不知所措。1774年，他决定开始记录自己的生活。他还试着控制妻子，阻止她败光家产，阻止她招来肆无忌惮的朋友赖在家里大吃大喝。不仅在用人面前，在蒙让夫人的朋友面前，夫妻二人也争吵不断。随着时间的流逝，夫妻间的争吵越来越激烈。蒙让先生求助于双方父母，想知道该如何是好——他对妻子仍保留着一丝爱意，这让他无法做出决定。朋友德马尔、迪福尔、德利尼、里谢等，在这段充满了意外的历史中扮演了各种不同的，甚至是双重的角色。

第一章

蒙让写下日记

直到1774年3月30日，蒙让决定在他的大张纸上落笔的那一天，我们才对这一对夫妇有所了解，这既有些可惜，同时也是一种运气。他快速勾勒出的景象，首先是妻子在父亲家——日索尔乡村的日子。就这样，蒙让在开篇写道："1774年3月30日，她带着大女儿，与姐妹科舍罗夫人以及德马尔先生[1]一同前往日索尔。她待了一个月零三天才回来。她在她父亲家大闹了一场，闹到门口和窗户下围了一大群人，她父亲是这么跟我说的。"没有标题[2]，我们只知道故事是蒙让先生写的。接着读下去，我们就可以猜到他可能是个手工匠人——裁缝、时装设计师，他的妻子也是裁缝，另外还有一个女店员，都可以给他做帮手。厨师马德隆（Madelon）负责做饭。我们也不知道他们结婚多久了，但知道他们的大女儿刚刚四岁。还有一些其他的信息：蒙让先生经常在外工作，寻找订单。他有一次谈到去荷兰旅行，说他

---

[1] 他在日索尔与蒙让夫人成为朋友，在她回到巴黎后又被她抛弃。
[2] 后来在法国国家档案馆保存的档案中只增加了一个标题："'被出轨'丈夫的日记"。标题非蒙让所加。

可能从德比西夫人（Mme de Buci）那里得到一份大订单。我们对他本人的了解不多，故事是围绕着他的妻子展开的。蒙让讲述的故事既没有开头，也没有结尾，时间倒是很精确，从1774年3月30日至1775年1月（约9个月）。1776年1月的日记只是几张散页，没有提供特别的信息。这本日记很厚，共64页，从字迹上可以看出下笔飞快，相对比较整齐，拼写并不精确，几乎没有标点符号，这是文化程度较低的人的习惯。还有一些单词连了起来，不容易读懂，甚至还有一些是读音相同的错别字。

实话实说，这本日记根本没有开场白。听着妻子对她父亲暴怒的叙述，蒙让仔细思考着这突如其来的一切和妻子的话。他知道，有严重的事发生了，或许会带来重大的精神和经济损失。他写得很快，所以我们能直观地感受到他有多么羞耻——更确切地说是震惊，他的妻子与她的朋友德马尔一起回到了巴黎，她还要邀请他吃饭！

愤怒的写作

蒙让已经写满整张纸（他有时会中断写作，从日期可看出），像雪崩一样。有时他带给读者的是令人难

《从新桥看巴黎》，尼古拉斯-让-巴蒂斯特·拉格尼特（Nicolas-Jean-Baptiste Raguenet）绘，1763年。现藏于保罗·盖蒂博物馆（J. Paul Getty Museum）

以置信的荒谬场景。字里行间展现出的，或是轻微的激动，或是真实的悲伤，或是愤慨和怒火，抑或是尴尬，贯穿其间的还有一种巨大的无力感。这64页的日记令人感到他仿佛是溺水之人，淹没在妻子永不停息的动荡生活之中，在彻底沉没前，他挥舞着手臂，充满了愤怒和绝望。他以小时为单位记录下细节，记录下发生在他家里和身边的事，读到这些文字的人会时而莞尔时而困惑；结束阅读后则会目瞪口呆，茫然若失。

在众多的例子中，我们举出一例："他们（蒙让夫人的朋友）在我家一直待到七点就在他们要走的时候我妻子让我求他们留下来吃晚饭我没答应，第二天中午十二点十二点半的时候有个叫里谢的男人从办公室出来后直接来看我妻子他一直待到快两点，她邀请他吃午饭他同意了，我两点回家后惊讶地发现这个叫里谢的在我家而我妻子告诉我'不想让他走所以请他吃午饭'，我什么也没说然后我们坐到了饭桌前。"

然后蒙让继续写："我妻子邀请他一起去皇家宫殿（Palais-Royal）散步，他一直待到七点，之后回了办公室然后晚上他们一起去皇家宫殿散步，第二天来吃晚饭然后去皇家宫殿，第三天吃午饭吃晚饭去皇家宫殿，他们有时吃午饭有时吃晚饭然后每天晚上去散步，甚至还带上了他的兄弟，这让我妻子很满意，他们不停地来家

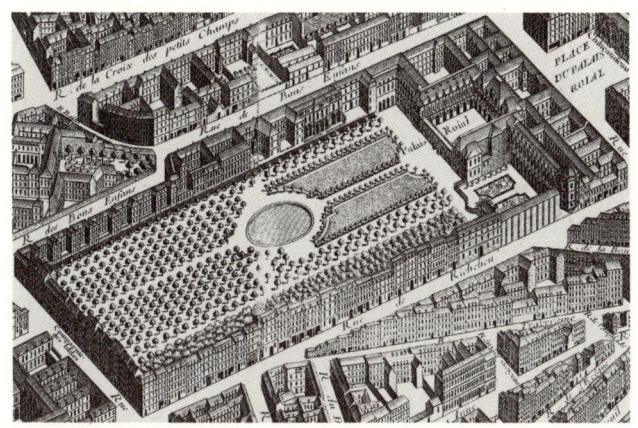

18世纪的法国皇家宫殿(Palais-Royal),出自杜尔哥巴黎地图(the map of Turgot), 1739

里又吃又喝。"

他叙述的这些琐细的事就像波浪般,毫不减速地拍在一片未知的海滩上。然而,在些许惊讶后,就能看出真正有意思的地方了,因为叙述中有着如此多的日常消遣、担忧、反思、对话、焦躁不安和争论,不光描写了一对夫妇(蒙让夫妇),还有一个随着情况而增减的朋友圈子。我们明白了,它不是文学作品,而是一段比证言或自传更复杂的生活记录。它可能是控告(但很少有如此写下的控告);它可能是——但我们必须小心解读——一种并不存在的文学体裁:将愤怒和慌乱付诸文字,试图弥补最糟糕的状况;它可能是自述,但作者只关注着自己妻子的生活,却不正面谈谈自己;或者说,它难道不更像是一首悲歌吗?没有精细的文笔,而是匆匆画在纸上,茫然无措地在笔记本上潦草地画出一场噩梦——而笔记本通常是用来记录我们最美好的梦想的。

在读到所有人物,特别是蒙让夫人的疯狂逸事时,我脑海中浮现出这样一个画面:蒙让就像一只疾走的蜘蛛,飞速地织起一张网,让读者对他所说的话深信不疑。问题是:蒙让"讲述"了妻子的故事,可他说的都是实话吗?一方面,他对她仍有感情;另一方面,他描述的细节又极其准确(至少是最接近真实的细节)。所以有一点是肯定的:如此精确乃至琐碎,忠实于一定社会观念、社会阶层差距的事实是很难杜撰的。我们知道，历史由微小而独特的事件组成。历史学家通过这些事件，能够在寻常的连续历史记录之外勾勒出一个复杂的过去，能够注意到社会中的碎片与断层，能够窥见在编年史中很难发现的惊人价值。

这本日记还属于另一种体裁，那就是悲叹。蒙让的叙述，用焦躁不安的文字勾勒出了一个变得难以相处、俗不可耐的人的肖像画。好像在突如其来的一场暴风雨中，只有蒙让夫人和她的两三个朋友能在自己搅出的汹涌波浪中"乘风破浪"地前进。

日记中叙述的是一些半中产阶级、半放荡主义者的生活，由于手工业和女性的条件限制，他们不可能完全为所欲为。这对夫妻自己打垮了自己。蒙让观察并承受着妻子那不可能实现的愿望，还有妻子对没有工作约束、没有烦扰未来的无尽追求。于是，无数足令历史学家欣喜的细节出现了，这些细节显示了不同社会阶层间的直接断层，这些阶层永远无法完全融合，所以有些人将终生羡慕其他人。所有一切都将持续到失衡为止。从这九个月荒唐的生活片段中，我们看清了一个还算富裕的手工匠人的生活。蒙让夫人被浮华和对外观的渴望所占据，她心中充满了无聊和渴望，用一种严谨且绝望的方式，想要突破禁锢，破茧成蝶。这些从早到晚不厌其详的记叙中浸润着一种悲剧色彩。贵族和大资产家们从不向任何人赠予他们的"彩蝶",对于那些想进入快乐花园的人,大门是紧紧关上的。

为什么选择一本日记?

那么,这本日记是从哪儿来的呢?因出于好奇的清点,我们偶然在法国国家档案馆发现了这部手稿。它属于Y系列——保存在国家档案馆中的庞大的司法档案系列。其在卷宗中的信息如下:编号ANY 11741,奥尔莫(或德索尔莫)警局及其前任,莫贝尔广场区(一个贫困区)。它归属于单一而模糊的分类标题下:各种类型的文件。其中有18世纪瑟尔(Seurre)领地的官方文件、德拉罗氏先生的财产继承文件(17世纪和18世纪),还有这本日记,标题是:"来自妻子出轨德马尔的丈夫的控诉(1774年以来的日记)"。

这批各种类型的文件集合令人费解,因为经过调查,蒙让住在小场十字街,并不在德索尔莫警局的管辖区。另外,他与警察打交道时,会求助于警官洛莫尼耶。这也许并不重要,不过在历史上,总是要以精确为好。如果我们想要对这本长篇日记加以思考,即使不能完全按照历史工作的一般规则来进行,方法也似乎很简单。我规定自己要遵守以下几点：

第一，忘记每一个历史学家都要自问的一些传统的、学术性的问题，因为这些问题是无法回答的。

第二，将这群人的混乱生活置于社会、政治和经济背景之下，试着设身处地地感受、走进他们不可思议的日常生活。

第三，跟随着日记中呈现的剧情的步伐，从一幕跑到另一幕，去发现宝藏，发现历史上鲜有人知而让人惊讶的生活片段。

第四，循序渐进地关注几大类社会环境，关注置身其中的人的欲望和限制，关注他们对名誉的渴求，关注他们为了弥补自己的渺小而进行的违抗，最终目的是寻找他们希望成为的样子。这就需要进入他们的想象与幻想中，感受他们的情感与时而淹没在无聊之中的感觉。

第五，多利用对繁多的颜色、衣服、食物种类、写作方式的描述，以及对与用人、马车夫和与萨瓦人的相处方式的描述，尽可能近距离地勾勒出一个特定社会中的厌恶、欲望、爱慕和渴望的激烈程度。

第六，与一个烦躁不安的女人一路同行，她是这样一个人——渴望自由，寻求职业无法给予她的解放以及

"抛头露面"的机会。

第七,理解这种反抗。

在所记述的故事中,"我"讲述了许多私人事件,每件都很独特、令人惊讶。这些故事既没有开头,也没有结尾。尽管我习惯了在警察局档案中破译各种文字,但对于一个真心实意想做好工作的历史学家来说,这本日记可真的算是一个挑战:拼写毫无章法,多用口语措辞,以一种激动又震惊的方式,将众多没有联系而又接二连三发生的事件记录下来。这些句子仿佛一场急雨一般拍在纸上,面对着妻子不愿工作的现实,面对着不停重复的煎熬日子,丈夫的愤怒和悲伤跃然纸上。

第二章

城市/乡下，家里/外面

蒙让先生无时无刻不在仔细观察着妻子和她朋友们的生活，也留意着家庭的开支和财产的用途。固执而担忧的他看到了麻烦——各种事情接二连三、没完没了地发生，于是他用焦躁不安的文字记录下他所听到的、看到的。在他的叙述中，一切都很仓促，发生了什么事情就写下什么事情。他的字迹有些乱，能看出他写得飞快，文字却又饱含情感。

因此，这本日记没有引言是很正常的，因为蒙让的目的就是什么都记下来，以最原始的方式，快速呈现事件本来的样子。

所以，蒙让夫人带着女儿从乡下回来，同行的还有她在那里遇到的德马尔先生。大家一起去她姐姐（或者妹妹）也就是科舍罗夫人家吃午饭。她非常兴奋，因为她在乡下度过了愉快的假期，也因为多了一位全新的同伴——德马尔。她说德马尔非常讨人喜欢，"也更喜欢她"，她要求丈夫第二天晚上请这位朋友吃饭。约定的时间一到，德马尔就走进蒙让家，"挽着我妻子的胳膊"。蒙让赶紧把女儿哄睡了，然后记下所见："晚上他们喝到酩酊大醉、发疯,还有我妻子一边笑一边拍打他的脸颊。从这之后,他一天要来两三次。"

掐捏、鞭子和解开扣子的半截裤[1]

又有一天,科舍罗夫人对蒙让讲了在日索尔逗留时的"疯狂"细节,"其中有一件事是她们解开了德马尔半截裤的扣子,用鞭子抽他。在场的一个客人说:'德马尔怎么能不报复呢?如果有女人解开我的裤子,我就打她的屁股。'我当时面红耳赤,回答说,德马尔太老实了。"突然间,德马尔走进了蒙让的家,就像走进自己家一样,客人小声说:"你一个军官,怎么还让女人用鞭子抽你呢?"德马尔回答:"科舍罗夫人没告诉你我扇了她的屁股吗?"

对于手工匠人和某些中产阶级来说,"掐捏、鞭子和解开扣子的半截裤"意味着什么?这样的场景更多地出现在当时被审查的情色文学作品中,或者出现在秘密出版的淫秽诗句中。然而,我们应该正确理解这一点:性欲和情色是启蒙时代的主要特征。当然,私人笔记或警方审讯记录中很少会如此直白地提及。众所周知,在

---

[1] 译注:"culotte",一种长及膝下的紧身半截裤。

下层民众中和手工业界，男人可以随便地骚扰女人，其中一些被默默接受，另一些则会引发丑闻。因为不是所有的女人都心甘情愿，而且在开玩笑时也有不可逾越的界限。更罕见的则是女人比男人还主动，可在蒙让的日记中，解开德马尔扣子的确实是他的妻子。

当时，鞭打和打屁股的主题占据了文学主题和人们的思想，一些放荡的习俗屡禁不止。在这种势头下，人们总在寻找着被禁止的界限，再加上他们想要模仿大人物的意愿，比如模仿宫廷贵族、王子和公主们的生活。丹尼尔·罗什[1]在其编著出版的梅内特拉日记中写道，在日常生活中，我们会惊讶地发现无论工人们走到哪里，总是在寻找快活："放声大笑、讲笑话、玩游戏、放肆胡闹以及些许暴力，这些是底层大众生活的重要组成部分。"社会大环境也助长了这种风气，街头巷尾、大小酒馆，随处都可以寻找快活。但蒙让夫人远在日索尔乡村父亲的家里，丈夫不在身边，这令她兴奋，也让她有了不寻常的越轨行为；更何况她远离了巴黎，远离了工坊的单调生活，也远离了邻里的目光。丹尼尔·罗什写道："普通的社会关系被性化了。"正是在这种特殊

---

[1] 丹尼尔·罗什（Daniel Roche）：《我的生活日记——梅内特拉，18世纪熟手玻璃匠》(*Ménétra, compagnon vitrier au XVIIIe siècle, Journal de ma vie*)，蒙塔尔巴（Montalba）出版社，1982年，第325页。

的背景下，不希望受到束缚的蒙让夫人被自己所厌恶的渺小生活打败，她在模仿某种"放荡主义者的处世之道"（米歇尔·德隆[1]）中找到了乐趣；并且，她的模仿甚至超越了放荡主义者，后者有自己明确的规则，并不会都像蒙让夫人讲述的场景那般下流。

在用餐时一定要伴随着令人"愉悦"的消遣——饮酒和放荡的性爱显然为用餐添加了魅力。放荡主义者的行为之一就是在吃饭的同时散播自己的魅力和精液。这不仅反映出当时人们高涨的性欲，也反映出放荡主义者的压抑程度，因为他们看到自己逐渐被宫廷排斥，越来越多的权力掌握在大资产阶级的手中。当然，由于这是一场社会运动，这些淫秽下流的场景也与一些文学作品主题相符，这些作品尽管遭到审查、封禁，但传播甚广。卡萨诺瓦（Casanova）、萨德（Sade）就会关注性感的身体和食物之间的相关主题，比如喜欢伤害、喜欢把拒绝底线理论化、喜欢各类折磨虐待。在萨德的作品中，还有着暴力和无穷的洞察力："暴力确实是由缺少某些东西的人们来承受的。""这顿晚餐的费用，无疑比十户甚至十二户不幸家庭一个月的生活费还要高。"

---

[1] 米歇尔·德隆（Michel Delon）:《放荡主义者的处世之道》（*Le Savoir-vivre libertin*），阿歇特（Hachette）出版社，2000年，第175页。

蒙让听了妻子的叙述，但没有上她的当。他知道她乐于尝试超出个人能力的生活，知道她是个小放荡主义者，还有些许萨德主义的倾向。他对此惊慌失措。这让我们想到18世纪末那场轰轰烈烈的通奸案：一个虐待妻子的白铁匠师傅，想让妻子被判通奸罪，于是操纵假证人来告发妻子。[1] 人人都指责她和情人"蜷缩在玫瑰花毯里"，吃饭时跪在地上玩弄情人的生殖器，吞下他的体液，等等。所有这些最终都被证明是假的，但这个妻子很难自证清白，许多听信了这些疯狂谣言的工匠邻居们也浮想联翩，虽然心里鄙视着，但思绪还是向着梦幻的放荡淫乱的生活飘去。

蒙让不停地写，字里行间充斥着"疯狂放荡"的躁动，我们阅读时要跟随着他的节奏和语言。他按照事件发生的时间顺序，以流水账的方式记录：去这里，看那里，喝酒，大笑，互相掐对方，回到他处，等等。他奋笔疾书、字字用力，仿佛喘不上气一般，因为他的内心是如此悲伤、窘困。他想记录下一切，记录他的经历，记录他生活的变化——原本平凡普通的生活被繁多的意外完全打乱。读者能感受到他的情绪——他的妻子讲的

---

[1] 阿莱特·法尔热：《一条丝带和眼泪，18世纪的通奸审判》（*Un ruban et des larmes, un procès en adultère au XVIIIe siècle*），布斯克拉出版社（éd. des Busclats），2011年。

每一件生动趣事,都像酒瓶塞子一样"嘭"的一声飞向空中,我们想象得出他的脸皱成一团的样子——就像他的笔迹一样。

借着故事的热度,让我们再补充一些其他背景知识。根据18世纪中叶流传的某种放荡主义的传统,谈话是开放式的,没有头尾。人们会快速打断现有的话题,切入另一个话题,如果有人决定取笑另一位客人,那么"讥讽"(persiflage)就开始了。讥讽是一种滔滔不绝的讨论,夹杂着嘲笑和双关语。人们使用复杂的词语、夸张的语言来击垮目标,将其踩在脚下。讥讽是一种让人晕头转向的游戏,是一种因语言而生的权力的暴力表现。通过讥讽,男人可以征服一个女人,使她任其摆布。蒙让夫人喜欢这样的氛围,她可以逃离日常生活;而且,在游戏中她感到自己仿佛融入了贵族圈子——因为这是一种常在宫廷中进行的游戏。在《迷失的心与灵魂》[*Les Égarements du cœur et de l'esprit (1736—1738)*]一书中,维尔萨克(Versac)描述了这一谈话的艺术:"谈话,要想生动,就不能太过认真倾听。一个人正说话的时候,被一个想谈情感的女人打断,再被一首巧妙的淫诗或一段道德说教打断,人们会急着打断一切,为了不错失任何一个听坏话的机会……最终,一位花花公子穿过人群,就为了去告诉一个离他很远的女人，说她的腮红不够红，或者说觉得她美得像个天使。"[1]编年史学家路易－塞巴斯蒂安·梅西耶强烈批评了这一完全失去了谈话意义的做法："讥讽是不间断的嘲笑。人们利用讥讽把受害者引向为他而设的所有埋伏中；整个社会得到了娱乐，而牺牲的是那些不知道自己正被嘲笑、在礼貌措辞的掩护下被言语虐待的人……此种嘲讽是很可悲的，因为毫无平等可言。"[2]

蒙让夫人认为这些嘲讽不会对她的自由和名誉带来任何危险，并对这些新颖的玩法非常着迷。不过，为什么之前住在乡下的德马尔，现在却回到了几乎没有熟人的巴黎，来到了蒙让家呢？因为在蒙让夫人的眼中，他有个最大的优点，就是在蒙让夫人想要融入的圈子中，他形象最好、最具吸引力。因此，她"独占"了他。一开始，蒙让夫人偶尔邀请他来吃晚饭，再然后，连续两天都邀请他来玩，到后来，德马尔每天都要来两三次。他也毫不矜持地让蒙让夫人挽着胳膊，他们都爱上了这种随意而令人快活的举动，蒙让夫人更是高兴得不得了。

---

[1] 伊丽莎白·布尔吉纳（Elisabeth Bourguinat）：《嘲讽挖苦的世纪，1734-1789》（*Le Siècle du persiflage, 1734-1789*），法国大学出版社，1998年，第59页中引用的维尔萨克的叙述。此书在2016年再版，由阿莱特·法尔热作序。
[2] 路易－塞巴斯蒂安·梅西耶（L.-S. Mercier）：《巴黎景象》（*Tableau de Paris*），第一卷，第384页。

蒙让夫人想要的

不久，夫妻俩的关系越来越紧张，蒙让再也忍受不了德马尔了，他的办法是去向妻子的姐妹科舍罗夫人告状，并"指责了她"。一场争吵在看店铺的年轻姑娘眼前爆发，这更是让蒙让怒火中烧：他知道这姑娘会讲得邻里皆知，这势必会影响顾客与自己的关系，带来严重后果。他需要的是无可挑剔的名声和品行端正的妻子。再三思考后，有一天，他决定和妻子谈一谈："我和和气气地跟她讲，我们怎么可能像这样生活下去呢？她突然开始跟我说她不想工作，她不适合工作，应该由男人来养活女人，她在她父亲家看到了许多不工作的女人，他们的丈夫负责工作养家。如果我阻止她见德马尔，她就绝对不会再工作了，而且她还说我是一个善妒的小人。"

蒙让"疯狂"地转述着她的话："她需要的，她补充道，是有人陪同，去散步，去看戏。"自从她从乡下回来后，就已经无法忍受待在家里了。她说，工作"夺走了她的生活"，让她无法"外出"——出去展示自己，"抛头露面"，散步——所有这些都是富人们美妙的生活方式。"所以为什么她没有份儿？"

蒙让夫人据理力争的这段长篇大论，是夫妻分歧中的关键。日记里重复写了19次同样的话，就像圣歌中的叠句似的。她"见到"了世界，蒙让写道，作为巴黎人的命运对她来说肯定如禁闭一般。她就像一只小鸟，看到了笼外的天空，忘记了一切，忘记了她的自身条件，忘记了她的经济责任，飞向了他处，飞向了有很多人散步、游湖和随意交友的地方。在她的社会地位所不允许的欲望背后，另一种情感浮现了出来，那就是对社会统治阶级的羡慕之情。戴着小饰品和扇子装饰的大资产阶级女性让她惊叹不已，她崇拜贵族们的装扮。面对贵族，她知道自己只能算是个"仆人"。1775年，在饥荒暴动席卷全法国的时候，首都巴黎的街头却仍是一派奢华的景象。对蒙让夫人来说，奢华的生活是她唯一关心的现实，远远排在面包店抢劫、暴动和饥荒之前——从她对此只字不提就可以看出这些事件对她来说毫不重要。她的眼里只有富豪们频繁地在花园、剧场、酒馆和塞纳河畔之间欢快地来来往往。出门游玩，来来回回，这就是幸福。她的心中充满了渴望、挫折和苦涩。

蒙让描述了他所知道的关于她的一切以及她的欲望。他想尽办法在工作允许的情况下多陪伴妻子。他甚至在这本充满了争吵的日记结尾处写道："我爱她，我将不惜一切代价给她幸福。"他对她抱有好意，担心她的名誉，也担心财产会被她飞快地挥霍掉。于是，蒙让在工作时抽空跑来跑去，为了找到她，为了知道她去哪儿吃饭了，为了知道她晚上会不会回来照顾小女儿，或者她是不是碰巧在某个低贱的放荡主义者的怀里——因为这些人真的都只是"低贱"的放荡主义者。每天晚上，他都一边在妻子的诉求中受挫，一边担心着制作的成衣还没送到客户手中，客户与订单就先流失了。蒙让越来越生气："然而，她给我的回答简短又粗暴"，她自己也陷入"令人生厌的狂怒"。有一天，蒙让说她"是日索尔的耻辱，她的行为很糟糕"，"她随即勃然大怒，跺着脚说她不适合工作，力气大到我以为玻璃都要碎了。她说在乡下，女人们都在窗前看书；她说想要涂腮红；为了得到关注，她还想在家里招待客人，说在鲁昂曾讨好她的那些议员们答应到巴黎来看她"。

蒙让夫人的诉求在18世纪独一无二；她所表现出来的执着——坚决要求不工作和丈夫有义务养活妻子——在通常的妻子对丈夫的控诉中从未出现过。更多的时候，女性去警察局，要么是被虐待，要么是告发丈夫拿走了自己的工资。而拥有各自的工资，在金钱平等关系方面，已经算是值得关注的开始了。罕见的是，手工匠人的妻子拒绝工作，宣称这不是她的责任，而是她丈夫的责任。

我们可以快速地做一个比较简单的解读——在初次阅读时我们就会意识到：考虑到蒙让夫人对自由的渴望，她会不会是走在时代前端的"女权主义者"呢？也许是的……但她的诉求可以代表18世纪末整个女性群体，作为解放的象征吗？抑或这一诉求隶属于另外一个层面，即18世纪末的中产阶级和富人阶级之间的特殊关系？

在这一极其动荡的时代，最贫穷的人们在一场严重骚乱中因面包太贵而奋起反抗。在1775年暴动，也就是所谓的"面粉战争"中，暴动者因面包价格过高而起身反抗，抢劫面包店，并与警察发生暴力冲突。骚乱蔓延到了整个法国。此外，女性在职业方面也有了真正的进步，特别是大城市的时装、香水和布料行业的女商人，她们拥有了显著的社会地位。她们在好地段开着有名气的商店，贵族对奢华的追求让她们不得不制作越来越复杂、越来越华丽的产品。毫无疑问，这些与女装以及大资产阶级、贵族衣装相关的行业是困难而复杂的，一定程度上也有助于女性独立。[1]此外，时装行业的女商人享有经济上的独立，她们有女学徒、女工和女

---

[1]　丹尼尔·罗什：《外观的文化》(*La Culture des apparences*)，法亚尔（Fayard）出版社，1988年，第288页。

店员。而且，她们不断地接触非常富裕的人，就像大户人家的用人一样，她们也沾染上了不属于自己社会阶层的习惯——她们习惯了某些姿态，蔑视服装业中地位较低的女性。她们往往是真实存在的人物，在当时的许多绘画和版画中都可以看到她们为上流社会的女性"调试衣装"。

服装制造业的世界是复杂的，[1]除了无孔不入的奢侈品及华丽服饰的兴起外，还存在大量的为不太富裕的阶层服务的手工作坊，以及为女时装商供货的小商店。衣装和外观非常重要。在手工匠人的店铺里，夫妻二人并肩工作，妻子掌握着实权，指挥工人并监督生意的正常开展。但是，她们虽然手中握着"钱"，却没有真正经济独立。梅西耶特别指出了这一专属于女性的场所："她与男人一起工作，感觉很好，因为她总是握着一点钱。这是一种完美的职能平等，家庭变得更好了，因为女性是店铺的灵魂……这些有事可做的女性在家庭中掌握着更多的权力，比那些不管钱的公务人员、检察官、办公室职员的妻子更幸福……布商的老婆可支配的钱更多。"[2]

---

[1] 丹尼尔·罗什，《外观的文化》，第290页。
[2] 路易－塞巴斯蒂安·梅西耶：《巴黎景象》，第454页。

《时尚商人》,罗伯特·贝纳德(Robert Bénard)雕刻,1769

这种社会经济模式——也许在蒙让家中并非如此——并不适合蒙让夫人。梅西耶所描述的平衡不是她想要的，她追求的也不是工作或是公认的工作所带来的利益，而是无为、享乐，以及奢华热闹的生活。用梅西耶的话来说，她全身心地投入这场微妙的关于外貌和狂欢的游戏中，却因自身条件不上不下而无法完全达成目标。对她来说，自由等于消遣娱乐，但她却没有意识到女商人们所取得的成就——创建了与客人之间的社会和经济联系，真正地负起了社会责任。当她拒绝一切工作时，她没有意识到自己跳过了这至关重要的一步，如此一来，以丈夫店里的状况，这一步造成的差距永远也无法弥补。

她的诉求是：什么都不做，有饭吃，"有社交"。她会有这种要求也是因18世纪末的社会困局所造成的。大部分巴黎民众既为之着迷又难以忍受的就是，每天看着上流社会的人们在香榭丽舍大街上漫步。她们后面总跟着一群卑微的妇女，渴望着触摸她们的裙装和衬裙面料。香榭丽舍大街的护卫费德里奇在报告中提到了这些每天都会发生的小事。他以朗巴勒公主（princesse de Lamballe）为例："1778年4月13日。昨天朗巴勒公主和一位女伴出去散步的时候，愚蠢的平民跟着她们。我有幸与公主搭话，向她提议驱赶人群。朗巴勒公主拒绝了……在公主离开后不久,布洛涅夫人也遭遇了同样的一幕,但她退回到马车上,迅速结束了这一幕。昨天真让人以为整个巴黎的人都在香榭丽舍大街上呢。"[1]

蒙让夫人的目的可不是触摸面料,她希望穿上这些衣裳。对她来说,贵族世界是那么的不可思议且令人向往——马车、塔夫绸、穿制服的仆人,以及更加刺激的放荡主义生活。是啊,在等级制度的金字塔顶端,不工作的女人拥有无穷的乐趣,而蒙让夫人想跻身其中,这欲望几乎让她窒息。事实上,这些贵族们在歌剧院出口处不断炫耀着财富与奢华,这难道不是一种厚颜无耻的行为吗?

蒙让夫人的悲剧就是普通民众的悲剧:她永远成不了贵族,永远无法跻身上流社会。她对身份的寻找只能通过这一呐喊:"应该由男人养活女人!"她想模仿贵族的乐趣,学习他们的行为准则和习惯,结果在家人和邻居的眼里,她变成了一个生活不检点的女人。但是,从另一方面来说,为何蒙让如此依赖妻子的工作呢?

真实的日常生活是这样的,在18世纪巴黎常见的

---

[1] 费德里奇(Federici):《1777—1791年在香榭丽舍大街上的公然犯罪》(*Flagrants délits sur les Champs-Élysées, 1777-1791*),由阿莱特·法尔热编辑加注,法兰西信使(Mercure de France)出版社,2008年,第17页。

手工作坊里,工匠妻子的存在至关重要。她什么都要管,指挥着熟手学徒、工人、店员,还经常要管理合同、接待来访。而丈夫则去跑业务,远赴海外寻找订单,就像经常去荷兰的蒙让一样。出于经济考虑,工匠经常徒步前往。丈夫不在的这段时间内,妻子是必不可少的,我们也知道她非常了解商业活动、会处理金钱。丈夫不仅在工作方面需要她(哪怕她没有工资),同时还希望她有着品行端正和善于交际的好口碑,好吸引来顾客。

在邻里之间,工匠妻子的私生活被大家看在眼中,她的生活方式对名声有着极其重要的影响。这样一来我们就可以理解蒙让的担忧了,因为她不仅是齿轮中非常重要的一环,还往往肩负着真正的社会和经济责任。然而蒙让夫人梦想着步入上流社会,对她而言,工匠妻子的生活责任和重要性微不足道。蒙让心里五味杂陈,他不喜欢妻子转向放荡主义,也非常担心因妻子交友不慎而慢慢损失财产和名誉。

第三章
"女化家"[1]

[1] 译注：蒙让日记中原文为"pintresse"，发音与"peintresse"（女画家）相同。

蒙让夫人常常改变主意，改变人际关系，她慢慢地疏远了在日索尔交到的朋友德马尔。她不再见他，不再关心他，不再被他的外表所吸引，逐渐对他失去了兴趣。然而，在他们彻底断绝关系前，他生病了。蒙让夫人很担心，每天都请厨师去问问他的情况——每天两次；这期间她还想办法尽可能多地经过他的窗前，想瞧瞧他。终于，某天早晨，她瞥见了他。而让她大吃一惊的是，"他戴着一顶没有缎带的睡帽"。她觉得这简直是出奇地粗俗、"不修边幅"，之后她迅速返回家中，立即为他做了只非常精美并且更加时髦的"两古尺头带"。他是为了再次吸引她而装病来获得她的同情吗？我们不得而知。不管怎样，这于事无补，蒙让夫人与德马尔的恋情仍旧终结了，因为她突然生出一种崭新而急切的渴望——她的丈夫写道："5月29日，她去苏瓦松府邸见一位'女化家'，据她说，是为了送我一幅她的肖像画作为礼物。"

拥有自己的肖像画

绘制肖像画是一项重要的决定,是富人的普遍习惯之一。肖像画可以作为爱的誓言,也可以是自恋的产物,它是上流社会不可缺少的一部分,也深受中产阶级的喜爱。与画家的会面有时候会频繁且漫长。拥有肖像画或者收到肖像画象征着一个人的社会地位,肖像画是一面可以反映出自身阶级的镜子,也是一种可以凌驾于他人之上的权力象征。梅西耶嘲讽地指出:"一大群无知的人依靠着用画笔乱涂乱画生活——他们画画的时候像是某些假发造型师在梳头发。"[1]然而,绘制肖像画代表着一种最基本的行为。阿拉贡在很多年后重新说明了其含义:"肖像画在人类的创造物中是独一无二的……它在艺术活动中起到了决定性的作用。它在社会中存在,自有其理由。它体现了家族的延续。在社会的历次变革中,会有不同的人及其家族交替掌握政权,他们的祖先并没有肖像画,但他们当权后就有了自己的肖像

---

[1] 路易-塞巴斯蒂安·梅西耶:《巴黎景象》,法兰西信使出版社,1994年,第二卷,第1266页。

画。"[1]绘制肖像画提供了一个公开的"舞台",有着众多的见证人。蒙让夫人习得了这一"习俗",设法以此提高自己的地位。

与画家的会面就像一出戏,与剧院中上演的并无太大区别。事实上,在这出戏中,一些"欣赏者"将参与其中,发表自己的看法,评论画家的动作和姿势。而被画的人必须对这种自恋行为百分百满意,因为丈夫或情人也会发表自己的看法——有时他们甚至深情地爱着对方脸上的瑕疵,并不希望将它遮盖起来。《新爱洛绮丝》(*La Nouvelle Héloïse*)中,朱莉(Julie)的情人看了她的肖像画后有多失望,我们还不了解吗?他写道:"他忘了画你嘴唇下面残留的一点疤痕;他把你的头发和眉毛画成了相同的颜色,而事实并非如此;他没有画出你右眼下几乎无法令人察觉的斑点……我对他非常不满意。"[2]

比起不真实的美丽,有些人更偏爱生动的面容和它们的缺点,因为透过它们,我们看到的是灵魂。格勒兹(Greuze)的绘画方式就是如此。对于狄德罗

---

[1] 路易·阿拉贡(Louis Aragon):《肖像》(Le portrait),收入《亨利·马蒂斯,罗马》(*Henri Matisse, Roman*),伽利玛(Gallimard)出版社,1971年。
[2] 评注和引用来自菲利普·佩罗(Philippe Perrot):《外观的研究或18至19世纪女性身体的转变》(*Le Travail des apparences ou les transformations du corps féminin, XVIIIe-XIXe siècle*),瑟伊(Seuil)出版社,1984年,第93、94页。

《女帽制造商》,弗朗索瓦·布歇(Francois Boucher)绘,1746

（Diderot）、卢梭（Rousseau）以及其他许多人而言，容貌必须真实。画中刻有美德，尽管绘画之风盛行，但也不能弄虚作假。真实的细节必须通过某些女性特征来表现，而这些特征常被脂粉所掩盖。一个人的内在可以通过语气、声音、动作和表情展现出来；而最美丽、最准确的肖像画是可以传达这种内在个性的。但蒙让夫人所想的也不全是这些，因为对她来说，在"女化家"那里的长期会面还有另外一个目的——结识年轻人。

结 伴

有了这些新结识的朋友，蒙让夫人兴奋不已。忘记了德马尔后，她与一个名为迪福尔（Dufour）的男人成为了朋友。据说他是比尼翁先生（M. Bignon）的私生子。她喜欢和他在一起，据说他们玩得"相当疯狂"。1774年5月29日，蒙让写道："每天下午，她都和这位女化家在一起，在那里遇见的年轻人中，有一位比尼翁先生的私生子，叫迪福尔，她与他一起做了很多疯狂的事情，一个晚上，她告诉我有一个叫迪福尔的人每天都去女化家那儿，他很开朗也很讨人喜欢。"迪福尔会成为另一个德马尔吗？有了德马尔，也会有迪福尔，然后会有她的堂兄弟德利尼（Deligny）……

第二天，她把她的堂兄弟德利尼带到了肖像画家那里，还教他摆好姿势。"三天后，她给了女画家两个金路易，取回了他的肖像画。"带着喜悦和热情，她在沙龙里度过了许多个下午。她在那里遇到了各种各样的人，比如由修道院院长包养的女时装商，还有很多从事不同职业的男人。他们的圈子中充满了欢乐。德利尼有了自己的肖像画，他深感自豪，邀请所有人去他家中共进晚餐。然后，他们沉迷于"晚饭后的一些小游戏，一直玩到了凌晨一点。我妻子离开前，邀请他们第二天来吃午饭，结果第二天他们又待到凌晨两点。他们几乎每天都与迪福尔等人一起在家里又吃又喝"，蒙让如此写道。

在蒙让难以把握的晦涩难懂的社交活动之上，建立起了一整个交友、午餐、晚餐的社交程式，他对正在发生的事情震惊不已、不知所措，也无法应对他妻子的急速改变——这在此前从未发生过。事情一天比一天严重起来。需要我们注意的是，这本让人印象深刻的"日记"中有一个惊人的标志，就是对外在的需求不仅感染了蒙让夫人，还感染了一部分围绕她、利用她的社交圈子。

此外，当时用玻璃和镜子装饰室内的种种方法，营造出一种光影交错、氤氲迷离的诗意氛围。这种氛围下，一个人的影像可以展露在镜中，别人能看到，自己也能看到。在"女化家"那儿，一切都被几根蜡烛发出的朦胧光线所笼罩，所以当他们在镜中看着对方时，他们的脸似乎在颤抖。而肖像画则不会动，它在柔和的光线下彰显着形态与美感。看别人，看自己；请人画像，拥有肖像画；若隐若现，不知全貌……当时的画家及学者都曾自问过的光影游戏与色彩应用即是如此[1]。

在"女化家"的绘画沙龙中，一切都生动地展现出来——因为"女化家"的沙龙并不是贵族的沙龙，其中包含的细节比任何论文都能更好地说明男人与女人互相对抗的历史，说明欲望与嫉妒、社交模仿、男性游戏、阶级间不可跨越的差距、品位与姿态……

---

[1] 米歇尔·德隆：《放荡主义者的处世之道》，第151页。

《勒布伦自画像》，伊丽莎白·维杰·勒布伦绘，勒布伦是18世纪后期法国杰出女画家。因给皇后玛丽·安托瓦内特绘制肖像而出名

第四章
从早到晚,忙个不停

尽管受到了家人的责备和警告，受到了通过法律途径解决以及关禁闭的威胁，蒙让夫人依然屡教不改，仍用愤怒和喊叫来回避一切问题。

蒙让决定向来到巴黎的岳父罗奥先生倾诉。罗奥先生非常生气，被自家屋檐下发生的这些事情刺到了痛处，决定再也不见女儿了。他一件件地罗列出年轻的蒙让夫人的荒唐行径——蒙让记道："她在村子里到处丢人，不让她去见那些情妇和风流女人，她偏去，村子里很多人都觉得她的行为不得体，他说再也不想看见她了。我跟他讲了她回来之后发生的事情，他告诉我必须申请把她关起来，可我不想。"蒙让拒绝了将妻子关起来的提议。他在这点上毫不让步。

蒙让的岳父谩骂不停。他一再强调，这样下去蒙让的生活一定会变得更糟糕，并坚持让他在申请书上签字，"他说二十四小时后，她就会在修道院了，我给她交膳宿费，你一分钱也不用出"。蒙让不同意，他写道："我还是对妻子怀有怜悯。她父亲说我一定会后悔，她还会做得更过分，让她的姐妹也名誉扫地。他说让我告诉她,她是个放荡的女人。他还让我签字。但是我不想。"

修道院禁闭的威胁

在很多方面,蒙让都令人感动,他拒绝了这个在当时看来顺理成章的解决方案。对妻子与孩子的依恋,让他对自己的家庭、生意和友谊都失去了掌控感。剩下的就只有在日记本上"干着急",日记本上记述着他妻子误入歧途的身影,而他不顾一切地跟随着妻子。当蒙让夫人得知父亲有意把她送进修道院时,她怒气冲天,跺着脚,用尽全身力气尖叫,对每一个意见都回以"短小精悍"[1]的反击,然后又补充了长篇大论。当时由家庭申请的禁闭令仍然很常见,[2]虽然被关起来的恐惧让她胆战心惊,但什么都无法让她约束自己的欲望。

当时,人们极其惧怕被关进修道院。许多女性在父亲或丈夫的意志下被强行送到修道院,所以蒙让夫人会

---

[1] "短小精悍"(courte et bonne):18世纪流行的一种表达方式,意思是说回答尖锐而粗暴。
[2] 当发现家庭成员中有放荡、犯罪或挥霍行为时,家庭可申请禁闭令,并由国王签署批准。见阿莱特·法尔热、米歇尔·福柯:《混乱的家庭:巴士底狱档案馆中的密札》,伽利玛出版社,1982年(第1版)/伽利玛出版社平装本(Folio-Gallimard),2014年(第2版)。

用极度愤怒来表达她的恐惧。这种令人不安的传统——修道院禁闭——是文人们最爱的主题。我们当然会想到狄德罗的《修女》(*La Religieuse*)（写于1760年至1763年），这部作品在他去世后才出版。狄德罗的灵感来源于现实，尤其是基于在沙龙中的许多讨论，特别是德皮奈夫人（Mme d'Épinay）的沙龙。故事中的修女苏珊（Suzanne）是西莫南（Simonin）家的三个女儿之一，因为是通奸出生的私生女而被父母嫌弃。因为她比姐姐们更漂亮，她姐姐的未婚夫相中了她，并告诉了她的母亲，随后母亲马上把她安排进了修道院。她的父母强迫她戴上了修女的头巾。她想尽一切办法逃离禁闭，或者至少是按照自己的意愿，在痛苦和自由放荡中生活。书中有一处关键场景，描写了她做出决定的时刻——有一天，她看到一个女人从牢房里逃出来。"我从未见过如此可怕的面孔。她蓬头乱发，几乎没穿衣服，拖着铁链，眼神迷离。我从这个不幸的女人身上看到了自己的命运，当即在心里决定，宁可死一千次，也不能让自己重复同样的命运。"

蒙让夫人没有读过《修女》，但是对监禁、修道院和苦难的想象，让她饱受折磨。她发现自己身处两个极端之间：她的丈夫完全不希望如此惩罚她；而她的父亲倾向于采取最严厉的措施——因为日索尔一行后，父亲的名声岌岌可危。尽管蒙让夫人非常恐惧，但她并没有屈服，而是选择反抗父亲，她又重申了在乡下生活的乐趣和在那里享受到的美酒佳肴，并一口气补充道："她那时很幸福，因为她抹了腮红，她希望走出家门，并且招待尽可能多的人，比如曾在鲁昂向她献殷勤的高级议员。"这就说明了一切。

妆容的厚度

在18世纪，女性的优雅主要表现在衣裙和妆容上。身材以柔美的性感示人，奢华当然要炫耀出来，但涂在脸颊上的红色就不一样了。太过鲜艳、浮躁的红色是糟糕生活的代名词；太过轻薄，没有任何魅力，反而显得沉闷乏味。蒙让非常注重外表，有好几次他都埋怨妻子腮红太浓了，像个站街女，这会损害他的名誉。当准备去散步的妻子从他面前经过时，他看到了妻子的衣装，大吃一惊："一件金棕色塔夫绸上衣，装饰着满满的薄纱，头上戴着一顶英式帽子，浓腮红。"这不是她平时的习惯。蒙让大受打击。晚上，他"对妻子说，像她那么涂腮红，肯定会被误认为是个妓女，她像风流女子那样招摇"。蒙让怀疑妻子根本没有羞耻心；而蒙让夫人则太想要引人注目，不惜将丈夫的名誉置于危险的境地。

涂腮红的方式是个十足的谈话主题，而涂抹的时候则要小心翼翼。梅西耶写道："选择腮红是一件大事。"有关腮红颜色的细微差别和涂抹方式的讨论经久不衰。当然，首先被谴责痛斥的就是工人阶级，梅西耶毫不客气地写下文章，甚至做出联想，让我们能猜到富裕阶层对屠夫行会的蔑视与劝告。"可怕的男屠夫的情妇们坐在角落里涂着腮红，像血一样的红"[1]，像家畜的血一样。粉红色的腮红则适合那些去散步的女人，其中也包括交际花。

宫廷里的女人们更是讲究腮红的颜色，她们会用一枚金路易去买一小罐腮红，而有身份的女性会花上六个法郎。中产阶级女性和女商人们会只擦上难以察觉的一抹红。为女主人化妆的侍女，每天都会招来女主人的责备：侍女化完妆后，女主人对着镜子一看，会愤怒得把腮红罐子摔在地上。梅西耶的这句话说得很好：这种脂粉有显而易见并且复杂的象征意义，人们想见证奇迹——用它找回逝去的青春。而情人眼里出西施，只有"恋爱中的男人"才会看不出这一抹红色。

在这一精确而富有象征意义的前提下，蒙让夫人打

---

[1] 梅西耶：《腮红》(Du rouge)，见《巴黎景象》，第二卷，873章，第1117页。

破了常规（不管她知不知情），跨越了界限。她越界的行为带来了名声尽毁的风险。也许她的审美还停留在路易十四时期，"亨利二世的宫廷中也用腮红，不过路易十四时期对红色的迷恋达到了顶峰，腮红极其浓烈。颜色的对比必须强烈，必须吸引眼球"[1]。在18世纪末，特别是在法国大革命期间，事情有了很大转变。

这一细节阐明了蒙让夫妇双方的态度：蒙让小心翼翼，注重衣装的完美，虽简朴，却合乎情理，也符合他的自身条件；而蒙让夫人则过于急切地想在众人面前展示自己，想着脱颖而出。她没有意识到，浓妆艳抹的自己反而跌下了梦中那高高在上的舞台。此例中的不平衡是不容置疑的。我们怀疑，她对"惹人注目"的渴望让她付出了腮红过浓的代价，也妨碍了她在男性朋友中被真正地接纳——这些人是几乎不会上当的。奢华的排场和完美的妆容是很重要，但面容和肖像画却要遵守其他装饰品所没有的规则。人们可以在家具、摆件、饰物、帽子和鞋子等物上做攀比，但面孔是一面能反映出灵魂的完美的镜子，而肖像画必须反映出和谐的魅力与性感，不可人为地伪装。

---

[1] 菲利普·佩罗：《外观的研究或18至19世纪女性身体的转变》，第48页。

乘马车

日子就像一场马拉松。然而,来来去去的行程实际上总是一样的:去皇家宫殿花园,在巨石区[1](Gros Caillou)游泳,然后吃鲔鱼;或者邀请大家在家中吃午饭或晚饭,去看戏,然后在林荫大道(Grands Boulevards)上散步。有时他们会"在小酒馆喝几瓶醋栗甜酒、葡萄酒",或者是白天在街上和河岸边租几辆马车。租马车的费用相当高,但这些马车却脏兮兮的,不是很结实。拉车的马匹是退役的赛马,曾属于有皇室血统的王子们。它们曾住在皇家马厩里,现在却过着疲惫的生活,无人照料,每天工作18个小时。马车夫经常喝得酩酊大醉,常与人发生争吵。此外,马车走得并不快,有时年轻的姑娘甚至会爬上马车与里面的情人聊天,都没有人能察觉到。

蒙让夫人和她的朋友们乘马车的次数多得惊人,有时他们甚至会去离巴黎较远的地方,有一次他们去了欧特伊(Auteuil),还有一次去了圣克卢中心(Saint-

---

[1] 译注:现巴黎七区,位于皇家宫殿西边。以前可能因为区内有一块史前巨石而被称为巨石区。

杜尔哥马车的形象,出自《贝松博览会一景》,加布里埃尔·奥宾(Gabriel de Saint Aubin)素描,1750

Cloud）[1]。然后他们会返回林荫大道，喝啤酒，再去其中一人家中玩到晚上。一天，他们见过"女化家"后，一起去坐船玩。其实圣克卢的小船倒是经济实惠，只是船夫愚蠢无知，总是拉太多客人，船超载后有时会翻船。船中人口混杂，金融家、补鞋匠、仆从和主人都挤在一起。每个人都支付同样的金额：六个第纳尔硬币。我们在此处可以清楚地觉察到，蒙让夫人的娱乐消遣并不符合贵族的习惯。现实与梦想之间有着巨大的鸿沟：她渴望进入上流社会，却又无力实现。蒙让夫人和朋友们的行程仍然是比较受限的，她们散步的地方总是同一处。这些人的生活宛如旋转木马般永不停息，而生活中的活动详情也始终模糊不清。我们不知道对话的内容，直到夫妻双方公开他们之间的激烈争吵。从一处到另一处，来来回回的行程几乎让人筋疲力尽，然而他们并不讨论所闻所见：既不讨论沿路的风景，也不讨论感受，更不讨论政治、经济和社会状况。只有蒙让同时过着两种生活，一种是为了生意，时不时地跑订单出差，这让他不得不出远门，去会见那些商人们；另一种，其余的时间，他都在寻找妻子，常常在深夜发现她在家中和那

---

[1] 译注：欧特伊位于现巴黎十六区，布洛涅森林东边。圣克卢现位于大巴黎下塞纳省，布洛涅森林西边。

些醉醺醺的朋友们坐在桌子前。这一封闭的生活由七八个人物组成,它像是一间门窗紧闭的密室般密不透风,像仓鼠的跑轮一样旋转往复。

餐桌上的乐趣

在富有的放荡主义者的世界里,高级美食,或至少普通美食,是感官盛宴的一部分,[1] "在城里用午餐的人"是18世纪的经典形象。享受美食尽管费用高昂,却吸引了很多并不富裕的人,他们像寄生虫一样去蹭饭。梅西耶估算有1.8万人到2万人经常周一去商人家吃午饭,周二去行政官员家吃午饭,每天都换个地方。这一社会阶层中都是些会侃侃而谈的人,比如音乐家、画家、修道士或者单身汉。"虽然对东西的价值一窍不通,但是他们能力出众,可以牢记人们的一些习惯,为人处世八面玲珑,所以谈天说地毫不费力。"蒙让夫人的朋友们也喜爱这些人,我们对他们的喜好和饮食一清二楚,因为蒙让怀着不满,在每一页日记上都记录了餐点和酒水的详情。他能给出这么多细节和价格,

---

[1] 米歇尔·德隆:《放荡主义者的处世之道》(*Le Savoir-vivre libertin*),《美食》(Gastronomie)一章,第165页。

是因为他对这些费用感到震惊,而且花掉的都是他自己的钱。

蒙让夫人要么在外面用午餐和晚餐,要么在丈夫不在或毫无准备的时候,邀请心仪的朋友到家里来。她也意识到自己在挥霍财产,所以有时会害怕有额外支出,也怕丈夫发怒。然而她无法克制自己。9月25日,蒙让准备和女儿一起出门,到27日回来。为了招待客户,他提前在酒窖里准备好了六瓶葡萄酒。因为太了解妻子了,所以他告诉妻子,不要邀请任何人来家里吃午饭,"节约一点,因为我们没有钱支付费用了"。蒙让夫人答应了,并补充说自己有很多来自荷兰的订单要做,让蒙让不要担心。

蒙让刚一出门,蒙让夫人就邀请她的朋友里谢来家里吃午饭和晚饭,"以至于六瓶酒全都喝光了"。看到这一情景,她抽抽噎噎地哭了起来,急忙向厨师马德隆说:"天啊,我的朋友,这可要了我的命了,酒全喝完了。"马德隆让她放心,答应她再去买三瓶。为了不露馅儿,马德隆拿着酒瓶找到酒商,让酒商尝了尝剩下的一点酒,酒商拿了一款味道差不多的装进原来的酒瓶。

就在这时候,蒙让带着一位荷兰商人来做客,还邀请他在家中吃晚饭。刚喝了一口酒,蒙让就觉得不对劲，他冲去酒窖看了一眼，随即发现酒被喝光了。蒙让夫人在众人面前大哭起来。到了品尝白兰地酒渍杏子的时候，空气又重新安静下来——因为只剩下了三颗杏子。蒙让惊呼："你把我可怜的杏子都吃光了！"晚餐结束后，蒙让夫人坦白，酒是自己和朋友们喝光的。蒙让马上问，她又没有钱，是怎么买酒的。蒙让夫人告诉他，他出门前给的15埃居买薄纱的钱，她花在这酒上了，而且还欠了马德隆的钱。随后的日子里她放弃了制作衣服，又开始重复她的老一套诉求——和其他18次一模一样。

归根结底，这种经济问题相当常见。因为女性没有独立，她们零散地收到买布或者买薄纱的钱，然后用剩下的来补贴日常需求。蒙让夫人渴望着步入或者至少接触到上流社会，而对丈夫的依赖无时无刻不在打击着有无尽欲望的她。那么，她一而再、再而三地重复"男人应该养活女人"，就说得通了。在这一语境下，不常见的诉求中隐藏着非常强烈的心理活动：只有丈夫愿意时妻子才能得到金钱，这是令妻子们无法容忍的。警察局的档案中还有很多相似的控诉，比如一些贫穷的妇女抱怨丈夫"连她们的工资都拿走了"，而这些工资是她们做别的工作赚来的。在18世纪，手工匠人的妻子的工作是很体面的，而蒙让夫人拒绝了这一角色。在她"应由男人养活女人"这句话中，我们要理解她对想要摆脱平凡乏味的生活、想要过上更美好的日子的渴望。

每天用来招待客人的食物酒水都价格不菲。蒙让列出的细节令人信服——生蚝、鲍鱼、葡萄酒、啤酒、白兰地、白兰地酒渍杏子，他们一一品尝，并喝到一滴不剩，蒙让甚至详细记录了妻子喝到呕吐，站都站不住的惨状。无论男女都醉醺醺的，毫无优雅可言，令人仿佛身处下等小酒馆。

10月30日，蒙让夫人和里谢一起去德利尼家里吃午餐，丰盛的午餐加上很多酒水，"他们都有点喝醉了"，蒙让写道，而蒙让夫人则醉到都快把五脏六腑吐出来了。每天都是如此，有时候是德利尼家，有时候是蒙让家，有时候是里谢家。"酩酊大醉，接连不断"，并且越来越频繁。为什么她会做出这种有百害而无一利的疯狂举动呢？

11月1日，蒙让跑完生意回到家后，看到妻子和里谢兄弟一起回来。他非常生气，明言道"招待不起他们"，意思是没有钱请他们吃午饭。家里只剩下面包汤和肉汤了。蒙让夫人感到特别尴尬，马上去厨房订了新鲜猪肉和三打生蚝，还有五瓶葡萄酒。整个晚上，蒙让什么都没说，甚至答应了跟着朋友们一起出去，喝咖啡、喝烈酒、吃冰激凌。"太能花钱了，"蒙让写道，

"我又花了三个利弗尔。"

另一天,又是一场酩酊大醉,这次是德利尼家的厨师告诉蒙让的。蒙让去德利尼家找妻子,没有找到,德利尼的厨师趁此机会告诉蒙让,蒙让夫人那些仿效上流社会的行为花费甚巨,快要把德利尼也搞破产了,"每天他们都乘着马车去看戏,乘着马车回家,都是我家主人付钱。他们享用丰盛的午餐,吃十二利弗尔的生蚝,喝白葡萄酒,吃白兰地酒渍桃子,最后蒙让夫人吐得到处都是,我用了两天才洗干净,烦死人了,还要给她泡热茶。几个小时后他们又坐着马车去看戏了……"我们知道,家里的用人难免有缺点,他们喜欢闲聊,传播八卦消息,但是他们也会保护主人,或是因为怕丢了工作,或是单纯因为有感情。这里讨论的其实是用人们所拥有的权利——他们知道主人所有的秘密,对主人的生活一清二楚,他们可以选择为主人辩护,也可以选择在背后插主人一刀。

喝到呕吐的放荡主义女人

这些接连不断的聚餐,远远地超出了他们任何人的经济能力,这一现象值得我们思考。他们不合常理的社交活动,不禁让人怀疑:他们追求的快乐究竟是什么?这些过激行为与他们提升社会地位的强烈愿望又有什么联系?在《放荡主义者的处世之道》一书中,米歇尔·德隆强调,这些晚餐是"上流社会晚宴中特有的,就像看戏、散步、歌剧之夜、情色诱惑一样"。他还说:"放荡主义者是美食家……他们建立了餐桌和床笫间的联系。"

蒙让夫人行为举止中的关键词有饮酒、吃饭、卖弄风情、出轨。在社会的其他圈子中,出轨也很常见,并且是可以显示社会地位的一种方式。她可以(或她自认为可以)完成这一计划的前一部分,但是以她的情况来看,有一个或者多个情人是比较困难的。因为她的朋友大多被不用花钱的佳肴所吸引,并且有她的"爱"作为奖赏。她没有意识到她的朋友都是两面派。这些人没有良心道德,玩弄她于股掌之中,挥霍她的钱财,并让她对这些"欢乐"的假象信以为真。德利尼先生是个奇怪的例外,我们不明白他是否真的是蒙让夫人的情人。至少他并不想从蒙让夫人那里得到些什么……诚然,这本日记更多地是作为记录事实和情感的发泄途径,不会遵循论文的逻辑。而正是这一特点及蒙让所记述的千千万万的细节凑到一起,成就了这本日记的价值。蒙让夫人虽然身在其中,但她还没有意识到,她的父母及司法机构马上就要以关禁闭来要挟她。另外,她的厨师也背叛了她，面前一套背后一套。厨师时而支持蒙让，时而支持蒙让夫人，一直在二者之间周旋、拖延。

租马车、看戏、享用美酒佳肴（蒙让的原话是"享用到吐"）、期待放纵的床笫之欢，这些通常都是诱饵，更是陷阱，人们渴望以此提升社会阶层，而往往无法实现。蒙让夫人上演的是一出悲剧，剧中缺失了几幕戏，而剧情更是让人难以置信。她的内心生出了对难以触及的世界的渴望，其原因难道不正是贵族阶层一直在炫耀他们纸醉金迷的生活吗？与此同时，手工匠人多住在作坊、店铺还有小酒馆繁多的街区。酒馆提供酒水食物，用作歇脚、见面和高谈阔论的社交聚会场地再好不过。梅西耶爱说"烟雾缭绕的洞穴，加上游手好闲的工人"，不过这也是一种生活方式。烤肉店加上食杂店，人们到处都可以吃饭喝酒。小酒馆尤其多位于塞纳河左岸以及巴黎中心。蒙让夫妇对这些地方了如指掌，但想要"不一样"的愿望，以及对"参与"上流社交的渴望，刺激着蒙让夫人。虽然她日常的生活习惯是进出普通的小酒馆，但大资产阶级和贵族的习惯并非如此，她现在最渴望的是在时髦的城区抛头露面。

蒙让夫人再三上演痛饮后"呕吐"的戏码，无疑令人厌恶，也让用人们很是不快。蒙让隐晦的叙述中带着愤怒。只有社会的最底层才能容忍体液。关于"流淌的血液"的含义已经数不胜数,起码血液不像呕吐物那么粗俗。血液流淌在发生意外、斗殴或决斗时,而醉酒呕吐则是一种不可容忍的道德沦丧的表现。

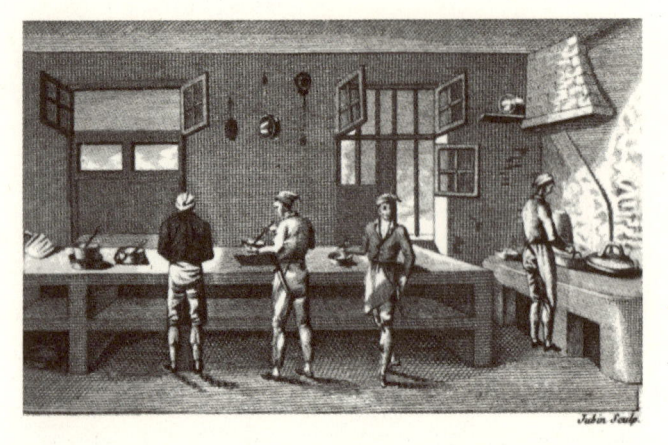

法国厨师烹饪的场景，出自《烹饪的艺术》卷首图，安托万·比尤维尔（Antoine Beauvilliers）著，1814

第五章

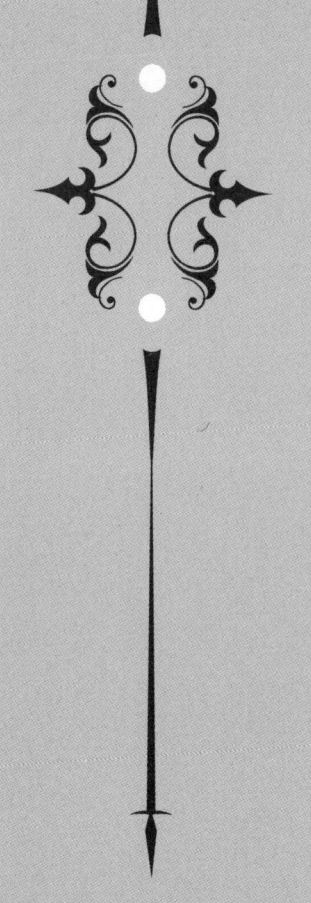

法律上的烦恼?

日记中蒙让多次提到送进修道院、财产分割、禁闭请愿等手段。这些手段在历史上出现的时间非常短，很快就被弃之不用了。在当时诉讼并不是很容易启动的情况下，用这些手段比较容易提起诉讼，因而它们在18世纪留下了印记。

诚然，当研究有关家庭请愿的禁闭令（保存在巴士底狱档案馆中）时，我们首先要找到完整的档案，包括父母对某一家庭成员的投诉，然后是警察署治安副官[1]的答复和国王的准许。禁闭令看起来很简单，因为它不走普通的诉讼程序。警官从相关家庭附近收集一些信息。诉状有时会得到邻里间的支持，甚至得到某些教区神父的支持。在其他档案中，我们可以读到被关起来的人的亲笔信，"乞求"得到自由。[2] 总而言之，在关禁闭请愿这一明确的背景下，事情似乎很容易，只要向治安

---

[1] 译注：治安副官（lieutenant général de police），是由路易十四于1667年设立的职务，主要负责巴黎市内的秩序、安全、管理等事务。
[2] 阿莱特·法尔热、米歇尔·福柯：《混乱的家庭：巴士底狱档案馆中的密札》。

副官申请，后者征求一些意见，然后向国王提议签字就可以了。

把妻子关起来？

但关禁闭的程序也有不易之处：父母、朋友的意见各不相同；治安副官本人也会犹豫，对所得到的意见并不会全盘接受。18世纪末，做出把妻子关起来的决定是很难的，即使有千百种理由，实际情况也比我们想象中的要难得多。在戏剧构作（dramaturgie）中，一些夫妻分手的片段生动地展现出了真实的暴力、失望、憎恨，其中还穿插着一些动人的细节，从最细微处出发，展现出人们的**情感**。历史中很少有"犹豫不决"的时刻，如果仔细考察这些"犹豫"的时刻，我们会发现，它为我们提供了一种前所未有的新角度——我们总以为历史学家们已经反复、完全地探索过各种情感，但通过新的角度，我们得以更深地了解夫妻关系的某些新模式，了解各种复杂的情感。当然，蒙让的故事是独一无二的，多亏了他独特的故事，新的情感展现了出来，可以说，**犹豫不决**正是这情感的核心与关键。

让我们回顾一下与王室或司法机构面谈的一些时刻。一开始，事情进展缓慢，蒙让提出警告，他主要担

日索尔圣热尔韦和圣普罗泰教堂的塔楼，蒙让夫人被威胁关到这里

心用人们会传得邻里皆知。

5月7日，蒙让夫人的父亲罗奥先生来到巴黎，蒙让借机去找他讨论。前文讲到，他曾极力怂恿蒙让把妻子关在修道院里，蒙让不同意，他还警告女儿，让她规矩一点。在18世纪的小资产阶级中，被父亲威胁并非无关痛痒的事情，但是这丝毫没有影响到蒙让夫人。夫妻关系也是经济关系，没人想破坏它。

7月4日，事态升级，蒙让夫人对父亲的怒火也随之上升。事实上，家里的钱基本花光了，蒙让决定不再口头对她说，而是写信给她。在当时的社会里，三分之二的人都不识字，这封信几乎算是"正式通牒"了。信中，蒙让告诉妻子，她的父亲绝没有给家里钱的打算。对此，她也写了一封信。那是一封有关她父亲的信，她小心翼翼地把信交给了洛莫尼耶警官本人。这封信充满了对她父亲的恐怖的控诉，并最终将这一矛盾公开化。然而，向警官告发自己的父亲是极其严重的行为，可能会被起诉，还是一个不小的诉讼。当然，对这种行动习以为常的警官们会尽量平息事态；此外，他们的大部分工作是在诉讼双方、同一家庭的成员之间谈判，给双方训诫，以恢复社会与家庭的和平。奇怪的是，我们并不知道这封给警官的信的效果——日记中没有提到，我们也不知道为什么。可能是警官想结案，也可能是他花了很长时间来处理这起案件……

与警察进行交涉,似乎还有其他的形式,但都石沉大海,毫无回音,而各类事件层出不穷,直到最后大打出手。蒙让夫人向蒙让抱怨她对自己的生活的厌恶,情绪激动,并和蒙让说——后者亲笔写下——"她要和一个萨瓦人好,给我戴绿帽子"。这是最高级别的侮辱。我们知道,萨瓦人[1]位于社会阶级的最底层,地位只比乞丐高一点。此事发生在7月末8月初,蒙让夫人威胁蒙让要去他父亲那里告状,她还说:"当然了,我会向我父亲请求把我送进修道院,我会让他来做财产分割的。"

这里出现了另一种法律问题:财产分割(请注意,当时也存在分居制度)。蒙让决定向他的一个兄弟倾诉。他非常同情蒙让,他说,"你的妻子穿成这样,和一个歌剧院的舞者一起走在圣克卢的林荫大道上,真是太要命了","还不如把她关起来",而蒙让"没有回答"。

随着时间的流逝,各种事件也层出不穷。颇为荒谬的是,蒙让夫人的所有朋友一起,开始找蒙让打架,但只有一场打斗留下了记录,除此之外在诉讼案卷中找不

---

[1] 萨瓦人从山里来,为了到城市挣钱,实际上负责清扫、疏通烟囱的工作。他们还做许多零散杂工:采买、寄信、看家,在主人不在时告诉主人妻子是否有好名声等。

《老年萨瓦人》，让·安东尼·华托（Jean Antoine Watteau）绘，约1715年

到任何相关信息的记载。这场打斗会留下记录，是因为当时打斗过后，蒙让叫一个萨瓦人去找警官，但因厨师介入，他不想把事情闹大，最终放弃了。再一次，蒙让夫人的父亲（应该是在1774年的11月或12月）请求把她送到修道院。警官洛莫尼耶的沉默，可以理解成他对只涉及私人生活的案件的回避，他不想再加重原本就繁重的工作。此外，18世纪末，国王最终放弃了关禁闭制度，认为处理这些问题并不值得一位君主花费心力。他不想再插手家庭矛盾，管理这些事情有损他伟大的皇家形象，也有损他的权力，因为他的权力不是用来关心这些家庭间的无理取闹的。

不寻常的调解人

随着时间的流逝，痛饮、租马车、呕吐、叫喊、打架等等，一切都照常进行，越来越让人目瞪口呆。友人博诺夫妇试着从中调解，博诺夫人小心翼翼地向蒙让夫人"解释"，以蒙让夫人的母亲为例，劝说她应该去工作："您的母亲工作过，您的姐妹，居伊（Guy）夫人也工作过。""对此她回答，那是因为她们想工作而我不想，博诺夫人回答说那您也不可以行为不检点呀，要知道，您的丈夫有权把您送到圣佩拉吉（Sainte-Pélagie）

监狱去！"圣佩拉吉是一所几乎专门关不检点女性的监狱。此外还有萨尔佩特里埃（Salpêtrière）监狱，那里关着犯了轻罪的女性、精神失常的女性，或者卖淫女。

这次谈话过后，蒙让夫人的怒火又上来了，恼羞成怒的她想直接去找治安副官。治安副官只能晚上七点接见她，她开始担心，害怕这期间针对她的禁闭令会签发下来。她心中充满了痛苦，跑去丈夫那儿，跪下来请求原谅，蒙让写道："我看见我妻子进来，哭得浑身发抖，我们让她先坐下来。她说我想要把她关起来，说我不爱她什么的，最后我对她说我已经准备好忘记一切，她想怎么样就怎么样，我爱她，如果能让她快乐、幸福，我愿意为她做任何事。"然后她告诉蒙让，她叫德利尼替代她去见治安副官。德利尼到场的时候穿得非常整齐得体。警察署治安副官拥有的权力仅次于国王，每周二上午，他都要进宫去向君主报告城中发生的事情。副官职位相当高，所以与他见面时需穿着得体的衣装。

蒙让的日记仍在继续，其中甚至没提到德利尼不同寻常的到来。他写道："我决定去一趟，他（治安副官）对我说：'你是想从国王那里得到准许，把你妻子关起来吗？这对你没好处。'我告诉他我既没申请过，也从没有过如此打算。"事实上，我们对警察们的个人意见了解甚少，这里副官的反应为我们提供了重要的信息。副官斥责了蒙让，告诉他向国王申请禁闭令的行为不仅夸张，而且有失礼仪。他强调，不能因为这点家庭纠纷就去打扰国王，要是蒙让敢这么做，只能说他胆子太大了。皇家对家庭请愿的禁闭令所持的回避态度，也说明通过手下的警官和密探，治安副官对各家的情况都很熟悉。家庭事务肯定是透明公开的，这为我们提供了巴黎街区中每个人处理冲突与情感的方式。

见过副官之后，随之而来的是和解以及爱的承诺，即使"生活依然如在地狱一般难以忍受"。到了1775年初，蒙让记道："1775年1月28日，最高法院检察官布隆多先生（Blondot）告诉申诉人[1]，他可以与罗奥先生，即申诉人妻子的父亲达成协议，把申诉人的妻子关起来[2]一段时间，好让她从目前的精神状态中解脱出来。除此之外，他也没有更好的建议了。"对此，蒙让又一次什么都没做。

蒙让叙述说，他的妻子不打招呼就去了日索尔乡下的父亲家里。回来之后，"为了在聚会时大快朵颐，她带着厨师去布洛涅森林或是露天酒馆吃午餐，我回家

---

[1] 申诉人应该是指蒙让。
[2] 没有具体说关在哪里。

时，既找不到妻子，也找不到用人，孩子们都被扔在家里，妻子把房子交给了一个萨瓦人看管"，他的愤怒"达到了顶点"。

这真是天大的羞辱。一是妻子与厨师为伴，这与她昔日对上流社会的向往背道而驰，而她还真以为自己成了几个"小放荡主义者"的缪斯。二是把房子交给萨瓦人照看，这简直大失身份，完全不符合他的意愿。萨瓦人太不光彩了，伏尔泰把他们写进了诗句中：

……这些诚实孩子，

岁岁都从萨瓦来，

轻轻妙手善拂拭，

拂去长突厚烟炱。[1]

这些可怜的小萨瓦人，他们的父母留在萨瓦山中，极其贫穷，为了给父母赚钱，他们跑遍街头巷尾，浑身被烟灰熏黑，发出凄惨的呼唤。为了一点点钱，他们去做跑腿的，或者干脆去做乞丐。他们衣衫褴褛，随时准备接受差事，或是去采买东西，或是去寄信件，或是看

---

[1] 伏尔泰：《可怜鬼》(*Le Pauvre Diable*)，第385—388行。雨果在《悲惨世界》第二卷第一节中引用了这些诗句。(李玉民译本)

家守院。他们没有社会地位,几乎无异于乞丐,会让雇用他们的人蒙受耻辱。蒙让反对妻子叫他们帮忙,因为这会对他的声誉造成巨大的损害。而他的妻子总是急着要出去散步,几乎不在意这些细节,觉得这些无关紧要,因为对她来讲重要的是去林荫大道,去乘船,去不惜一切代价地"展示自己"。

这种情况实属奇怪,本来很早就可以申请关禁闭(修道院、圣佩拉吉监狱等)的,可面对司法机构,两位主人公犹豫不决。蒙让夫人写信给警察署,提前告知了副官;蒙让认为财产分割的主意不错,但犹豫该不该把妻子关进修道院,然后他被副官的回答——"把妻子关起来对你不利"——所打动,放弃了。正如前文所述,国王开始厌倦了这些关禁闭的请愿。请愿来自中间阶层的手艺人和没有受过多少教育的普通民众,这些人的私人故事悲惨而微不足道。因此,国王陛下和他的子民间的关系出现了一些变化:他不再是这些普通人的最高裁判了,他不想再去管这些了。

此外,在精英阶层中,反对由家庭申请禁闭令的声音越来越多,他们认为这是独断专制的标志,是不可容忍的滥用权力的行为,已经不符合民意。蒙让夫人仍然害怕入狱,就像她害怕她的父亲一样。她的父亲不断向蒙让揭示她的弱点,并预言他们夫妇和他们的生意会变得更糟。她已经完全意识到了来自父辈或警方的镇压力量有多么强大，意识到自己会付出什么样的代价。但是，尽管有这样的恐惧，她还是不能放弃自己选择的奇特而混乱的生活。法律上的烦恼让她担心害怕，却并不妨碍她继续娱乐消遣。

第六章

蒙让：定格

从蒙让本人，也就是说，从他的感受及接受事实的方式来看，我们可以了解的事情可以说不算少了，但也绝对称不上多。因为他主要记录妻子的行为，日记中只有偶尔几行记录的是他自己。他的行为似乎受到了妻子的影响，有些时候，他会突然表现出强烈的个性。他生活在一个封闭的、乱成一团的环境中，除了跟工作相关的事情外，他完全被妻子和五六个虚伪的朋友所包围。他经常在绝望中寻求帮助，却只能求助于他的家人和妻子的家人。

日记中没有内心的独白，也没有对自己的反思。蒙让被卷入这样的生活中，他以小时为单位，写下一连串快速发生的逸事与场景，重述着他的生活。他可能在期待着读者的反馈，可读者又是谁呢？阅读时，我们会感到很奇怪，被迫对蒙让生出一种认同感。不知不觉间，他写下的话语就能使读者"相信"他，使读者和他一样站在毫无过错的角度上。这正是"自述"的原则。通过这一"事实为大"的文学手法，他说出了"他自己的"实情，但可能没有想过其他人的立场。蒙让在这段故事中是非常孤独的。通过厘清这一件件发生的事情，他为自己筑造了一个与自我对话的空间，有时他可以借此得到一点安慰。他的叙述也许并非完全客观，但他讲述的事件发生在一个怎样的社会结构中，以及日记里频繁出现的"微观人生"中发生的诸多微小事件背后的意义，却是值得我们思考的。

蒙让的个性

在理解蒙让夫人颇具破坏力的糟糕行径前，我们必须先分析一些蒙让的性格特征，以及他在这场冲突中的个人"存在"方式。首先可以看出的，就是他犹豫不决、自相矛盾的态度。

蒙让在两种反应间摇摆不定：或是同意参加午餐和晚餐，接受既成事实，甚至有可能乐在其中；或是生气，要么和妻子私下起冲突，要么把她在餐桌上的朋友都赶走。他时而忍耐，时而陷入狂怒，觉得每分每秒看到的东西都让人烦躁。他没有盟友。妻子的朋友都针对他，但这些人从不质疑自己的行为；有时他们也会同情蒙让，而我们不清楚为什么会发生如此变化。不过，他们表现出的是真正的同情吗？

蒙让是出于需要而变得节俭，还是本身就喜欢精打细算？无论如何，高昂的费用让他苦不堪言。再三考虑后，7月4日，他决定去岳父那里，因为他刚从某位"圣徒"那里得知一个消息，"他知道有一个烟草仓库需要处理，要我尽快去日索尔。我不是很想去，我妻子闹着说不想工作，说我知道要做什么，说男人应该养活妻子，她缠着我让我去，我伤心地做出了决定，她想让我骑马或乘马车去，我说不，因为如果事情不成，这钱就白白浪费了，我想走着去，所以徒步上路了，我一天走了十六法里[1]，在路上花了二十六索尔，晚上八点疲惫地走到了岳父家，岳父热情地接待了我，这期间我妻子告诉了朋友们她自己在家……"她和所有的朋友立刻迫不及待地一起去巨石区吃鲍鱼，蒙让补充道。"朋友们"的漠不关心、自行其是令人难以置信。对于蒙让这个人，他们什么都不想管，也什么都不想了解。

蒙让嫉妒吗？当然。但是他的嫉妒心主要来源于妻子的疯狂消费，而不是妻子与别人通奸的可能性。他甚至认为"她永远不会对我不忠"。一方面，他说自己是爱妻子的，他主要是担心被挥霍掉的钱财；另一方面，仅仅是生活被扰乱、被邻里围观，他也认为自己的名誉

---

[1] 译注：1法里（lieue）约合3.25—4.68公里，从蒙让家到日索尔大概60—70公里。

受到了损害。他没有表现出对通奸的担忧，这符合他矜持的性情，也符合他明确承认的羞耻心。

在最糟糕的时候，他显示出对妻子的深厚情感，也因此不愿意采取司法镇压手段，我们也只能相信，事实确是如此。他又能做些什么呢？我们也不知道。他的个性中藏着一些感人之处，却只会在他的某几段日记中隐隐地表现出来。比如蒙让夫人很少照顾四岁的小女儿，而蒙让甚至从没责怪过她。他也几次写道，自己照顾孩子有些力不从心。妻子从乡下回来的时候，是蒙让把女儿哄睡了，而兴奋的妻子却讲着乡下发生的趣事。这之后，当妻子喝得大醉，吐得到处都是，转身去睡觉的时候，是蒙让照顾小女儿，而非女店员或厨师帮忙。虽然他从没展开来说自己的感情或者父爱，但我们能看出他是一个贴心的父亲。

这一点是符合时代风气的。在接种天花疫苗一事中，[1]我们已经注意到了父爱的重要性。当时很多父亲写信表示，他们犹豫是否要给孩子接种，非常担心原本为拯救孩子的举动会最终害死他们。最初，在天花疫苗出现的时候，人们有很多争论。比如说，一些哲学家提

---

[1] 卡特丽奥娜·赛特（Catriona Seth）：《国王也因此而死——启蒙运动与天花的斗争》（*Les rois aussi en mouraient. Les Lumières en lutte contre la petite vérole*），戴荣格出版社（éd. Desjonquères），2008年。

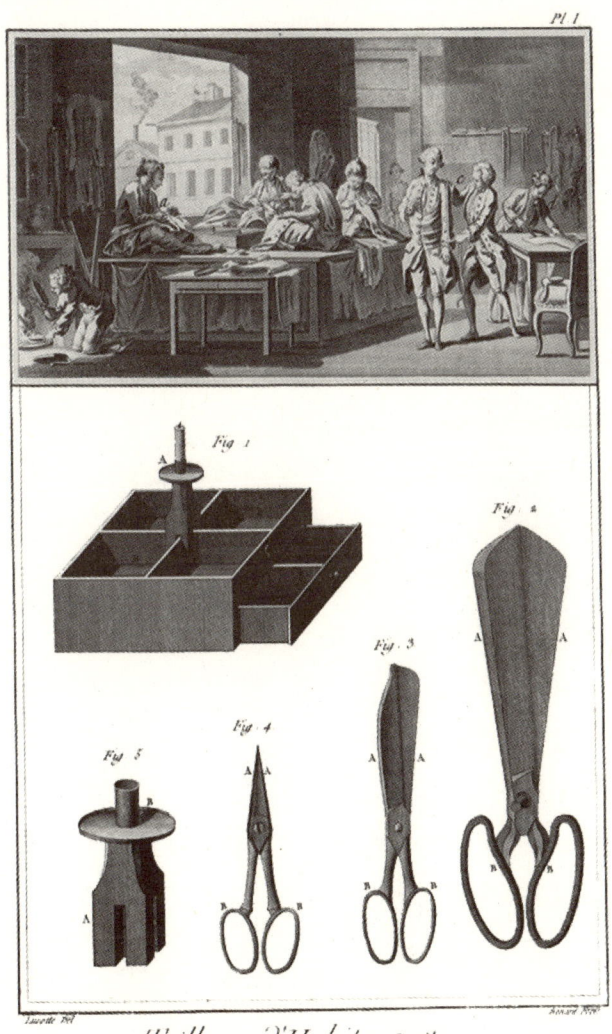

《裁缝、工具》，出自狄德罗《百科全书》，1763

出：接种疫苗是否有可能害死一个日后会成为天才的孩子？相反，另一些哲学家却认为：比起一个天真孩子的死亡，一个肩负责任的成年人的死亡后果更为严重。除了这些精英的看法之外，也有很多其他的观点，能展示出父亲的细心程度。蒙让有意思的地方就在于，他不属于精英阶层，也对自己的孩子倾注了真情实感。父亲关心孩子的痛苦，而中产阶级和手工匠人的情感价值由此凸显出来。蒙让对年幼女儿的一点点记述，透露出他对女儿的爱护；他没怎么说到女儿，却在不经意的细节中显示出对她的关心。

黑裤子上的一个洞

在那段糟糕透顶的日子里，混乱的日常活动中穿插着一个极小的细节，证明了蒙让性格中的另一个特点，那就是他想表现得正直且富有尊严。衣服上几乎无足轻重的一个细节能够很好地说明这一点，也能够让我们理解，其实他对自己的处境是感到羞窘的。1774年10月28日，尽管蒙让说他有一个"重大的订单"，要加急制作，但他又觉得自己必须得陪着妻子和她的朋友们，因为妻子威胁他说，如果他不同意一起去散步（毫无疑问，这次散步肯定又要花不少钱），她就会"一整天什么都不做"。刚一出门,"准备去皇家宫殿转一圈",蒙让就发现"黑裤子上有个小洞","我对妻子说:'天哪,我的裤子上有个洞,我要赶快回家把洞补好。'妻子对我说:'把你女儿接回家,至少给她做点汤喝。'"

裤子上有个小洞,这对他来说是不可忍受的。他必须穿得无可挑剔,与他认真严肃的手工匠人的社会地位相符。这又一次说明了外观的重要性,服装必须与社会地位相吻合。像这次一样,一旦要去杜伊勒里花园散步,黑裤子上的洞就是不能容忍的了。丹尼尔·罗什写道:"商人和手工匠人等中产阶级非常注重衣装,他们是支撑着城市生活的社会结构,既不穷也不富,但生活舒适,渴望提升社会等级。"[1]

作为一名裁缝,蒙让知道,他裁剪制作的是法国服装款式,他和妻子都必须符合所在行业的"高贵"气质。丹尼尔·罗什还写道:"形体及衣装的'适宜'原则就是如此形成的。服装的作用是强调外观礼仪,显示出相应的地位,也应见证道德与整洁之间的一致性。"

关于蒙让我们知道的就这么多了,他所遇到的麻烦不言而喻。他做事仔细,老老实实挣钱,只图一份安

---

[1] 丹尼尔·罗什:《外观的文化,17至18世纪的服装历史》,法亚尔出版社,1989年,第109页。

心。他的妻子让他苦恼，但他在亲密关系中是什么样的丈夫，他在这段困境中可能负有什么样的责任，读者并不能真正了解。前文也说过，有意思的地方就在于，这乱七八糟的一连串事件绘制出了一幅独特又壮观的画卷。再加上他有事事都忍受下来的惊人耐性，包括参加妻子的"假朋友游戏"，所以我们很难知道他是否还是从中得到了一丝乐趣，或者说，这是否表明他希望一直待在妻子身旁，哪怕她将搞垮他的家庭和事业？

蒙让针对妻子写下的文字是对她的指责，我们必须审慎对待，但是文中还有一些几近粗鄙的细枝末节（这些细节很难编造出来），值得特别留意——这些细节在一定程度上说明了事件的真实性。至于感受和情感，则需要我们小心谨慎地对待。总之，不要因我们自己的主观臆断而得出不符合时代精神的结论。

第七章
"小放荡主义者"的圈子，
蒙让夫人的朋友们

我们能够窥见皇家贵族的风俗习惯，却看不到那些来来往往、生活在中产阶层的民众的行为。他们习惯于利用突然出现的机遇；他们不是特别富裕，却也并不贫穷；他们十分殷勤，与其说是在寻找爱情或性快感，不如说是在寻找陪伴某些人物的机会，这些人物或多或少地为他们带来价值，为他们带来获得"圣杯"的希望。也就是说他们希望得到社会地位的提升，可以不断地——虽然不可能——与贵族接触。这是有点可悲的。

日记中详述了许多快速发生的事件，每件事中他们都挥霍了相当多的钱财。这之后，又发生了更严重、更暴力、更惨烈的事件，游戏、饭局和蠢事倍增，局面变得既糟糕又凄惨可悲。在时间的流逝和主角的歇斯底里中，他们的日常生活成为了一个小战场，蒙让在混乱无力和暴躁狂怒间摇摆不定，而朋友们互相孤立、互相背叛，却一致与蒙让反目为敌。

《1787年卢浮宫沙龙》，蚀刻版画，彼得罗·安东尼奥·马提尼（Pietro Antonio Martini）绘

如羽毛般轻浮不定

像往常一样，蒙让夫人依然处于故事的中心位置。她接纳生活中偶遇的男人，然后又抛弃他们；她试图从中寻找社会等级最高的人，不过鉴于她的交友圈，这似乎很难。某一天，蒙让夫人的朋友"拒绝带她去圣克卢，然后西蒙先生的印刷工小伙子来了，小伙子之前曾为德利尼工作，而她在德利尼家吃饭时见过他……然后她和这个印刷工小伙子一起在家吃了午饭，午饭后他们准备乘船去圣克卢，可是没有船，他们和其他人一起乘马车去找船但是找不到，其他两个人中其一是歌剧院舞者迪布瓦，我认识他，**他比西蒙先生的印刷工小伙子地位更高一点**，所以到了圣克卢后，她挽着他的胳膊，和他一起在公园散步，之后和他一起乘马车回来，第二天早上九点我去了一个兄弟家，他说，你的妻子穿成这样，和一个歌剧院的舞者一起走在圣克卢的林荫大道上，真是太要命了，我说我没在旁边，他说那更糟了"。

尽管蒙让夫人想模仿、接触上流社会，但她没有意识到，与谁为伍是个非常重要的问题（她放弃了印刷工小伙子，而挽住了歌剧院舞者的胳膊，她似乎不知道演员是被排除在上流社会之外的，除非特别有名）。蒙让夫人曾犯过许多错误，恰恰是在这个问题上，她犯了最严重的错误。还有一天也是如此，蒙让正在做生意，而她让一个年轻人请她喝一壶醋栗甜酒。蒙让正好撞见此景，大吃一惊，似乎所有的教养和礼仪都被此举一笔勾销了。"先生，我不认识您，也不想认识您。"蒙让说道，小伙子从口袋里拿出二十四个第纳尔给他，蒙让拒绝了，付了酒水钱，对着妻子，用专横的态度说："夫人，站起来，跟我走。"此前蒙让对妻子各种享乐的行为知之甚少，他的耻辱感达到了顶峰。此后，随着日记的进行，我们看到，蒙让夫人对葡萄酒和酒渍水果的需求与日俱增。

此事过后，德利尼、里谢、蒙让夫人组成了一个奇特的三人组。他们忙着一起吃饭，在这里吃完又去那里吃，大肆饮酒，很晚才回家，并喝得酩酊大醉，"摇摇晃晃的"，据蒙让说，工作已经占据了他所有的时间，而这让他的生活雪上加霜。有时蒙让夫人带着她的小女儿一起，孩子回来后也会因为喝酒而大病一场。于是她就把孩子交给厨师照顾。每隔两天，蒙让夫人就承诺会做一些工作，但从来没有任何进展。直到蒙让再次与德利尼、里谢一起吃饭时，问妻子玩得好不好，才得知她刚从赌坊回来。德利尼在那儿玩

"三张牌"（berland）[1]输了三十个利弗尔。蒙让很是气愤，他担心妻子的恶习中又添上一条赌博。

里谢的存在令蒙让再也无法忍受，家庭内部的对话也越来越激烈。"1774年11月1日，我妻子让里谢和他兄弟来家里吃午饭，没有事先告诉我，我听了他们的对话，他们告诉我妻子说只有特意邀请他们才会来，妻子马上叫我，和我说，这些先生只有您邀请他们才会来家里吃午饭。我回答说这些先生说得没错，我不邀请他们，因为上次我们一起吃的午餐太糟糕了。"

蒙让彻底拒绝了他们。随后蒙让与约好的银行家一起出了门，傍晚时分才回到家中，令他大吃一惊的是，里谢两兄弟正坐在桌前呢。

在这种时候，我们不清楚里谢、德利尼等人的态度，也不清楚蒙让的态度。蒙让被妻子的欲望紧紧地束缚着，他的生活充满不幸。在每个人的性格之外，我们看到了一个社会群体的生活。他们正互相消耗，争吵不休。或许是为了从中获取利益，他们破坏一对夫妻的关系，服从一个女人的所有欲望，而最终他们再也无法离

---

[1] "breland"就是"brelan"，也可写作"berlan"，是一种发三张牌的纸牌游戏。它的名字象征了游戏本身，"brelan"最终转义为赌坊。人们16世纪发明出这种游戏，17世纪开始流行。在督政府期间，它被称作"热水壶"（bouillotte）。最开始它代表着三张数字相同而花色不同的牌（三张A、三张K等）。

开彼此。在某一人的家里或餐馆大闹一番后，他们又会重归于好，仿佛什么都没有发生过。这让我们再次对手工匠人圈中的男女关系产生疑问，他们从这出悲喜剧中获得了什么？尽管蒙让为各种花费所困扰，但他是同意付钱的。里谢兄弟也一样，迫于社交的义务，他们也花费了相当多的钱财。

他们的社交发生在一个封闭的圈子中，既热闹又有争端，也无时无刻不反映出人们被攀比的生活方式所束缚着的状况。在这个等级制度极其分明的时代里，社会三大主要阶层互相评判、互相鄙视：一是奢华的贵族，二是中产阶级，三是不幸的贫苦大众。围绕着蒙让夫妇组成的小团体，眼里只有奢华的生活，想模仿贵族却又不得要领，他们是看不起穷人的。萨瓦人可能是这本日记中被提到的最多的人物形象了，他们是真真正正的社会最底层。

唯一符合自己社会地位的人是蒙让，他穿戴整齐，为工作担忧，去做弥撒，[1]珍惜妻子——尽管他也伤痕累累，疲累不堪。他不能离开这群让他痛苦、让他破费的朋友，为的是保全自己、保全工作，好让一切回到正轨。手工制衣业其实位于大众阶层的顶端。平民分四

---

[1] 日记中曾提到过一次。

层，此外还有大吹大擂的奢华的精英，享用豪华餐食的大商人，以及其他各种职业价值不等的手工匠人（例如，玻璃匠的地位就不如裁缝）。而在裁缝业界，很多手工匠人本身就分为特定的圈子。蒙让夫妇的圈子中，人与人的差距很大：从印刷工小伙子到军官，从园丁到歌剧院舞者，还有一个社会地位不太确定的"女化家"及其家属。蒙让夫人整天和他们见面，她试图选择最合适的人，以实现她的梦想——成为不工作而经济独立的女人。

必须说，当时在所有领域，女性的角色都出现了明显的转变。[1]蒙让察觉到了妻子对自由的渴望，但他不能接受她不工作。蒙让夫人在女权方面迈出的这一步，仿佛是在海底捞月、天上摘星。对她来说，成为公爵夫人是不可能的，而依赖丈夫是难以忍受的。"如果总是看到您挽着朋友的胳膊散步，人们会怎么想？"蒙让一直这么问她。"让我有自己的社交圈子，我就会工作。"她如此回答，但内心深处她却厌恶工作。

这些激烈的矛盾终将导致严重的后果。所有的人（蒙让夫妇、家人、朋友、用人、警察）都会搅在一起，

---

[1] 多米尼克·戈迪诺（Dominique Godineau）:《16至18世纪法国社会中的女性》(*Les Femmes dans la société française*, *XVIe-XVIIIe siècle*)，阿尔芒·科兰（A. Colin）出版社，2003年。

参与其中，造成一种既喧闹又无法厘清的局面。蒙让夫妇的每个早晚总是以同样的方式度过，直到最令人不安的事情发生……

当朋友参与其中

我们能看得出，朋友们毫不在乎蒙让。他们利用蒙让夫人渴求陪伴的心理，不断地在蒙让家中蹭吃蹭喝。有一点是肯定的：18世纪末自我意识出现后，并非只有蒙让夫人一人受到了影响。她的个人主义过于膨胀，为了加入放荡主义的奢华生活，她试图打破个人社会地位中的一切规则。这使得她吸引了一群花花公子，形成了一个"小圈子"。这些人嘴上不说，实际上却扮演着与蒙让夫人相同的角色。里谢、德利尼、德马尔、西蒙、博诺等并没有表达出与蒙让夫人类似的诉求，因为他们是男性，他们的行为举止是自由的。他们不贫不富，地位平庸，也渴望着引人注目、享受美食、纵情享乐。他们二话不说就加入蒙让夫人的活动中，正是这种渴望的佐证。我们本来认为，他们有时能感受到蒙让的糟糕处境，但是，跟随着蒙让夫人放荡又滑稽的步伐一起向贵族生活迈进，他们的地位似乎得到了提升，或者至少他们的生活因此变充实了，而他们在生活中也同样因为奢华与声誉而受挫。

接下来的日子是黑暗的。蒙让软弱、犹豫不决，但他仍旧爱着妻子。于是，在精益求精地做好自己的工作之余，他还要忙于修补家庭裂痕，他最终还是坦率地对着妻子抱怨了一番，并与她的朋友们"保持距离"。然而，什么都没有改变。一天早上，他把里谢拉到一边，说："自从您来我家后，我发现我和我妻子的生活十分糟糕，要是您别这么常来就好了。"对此，里谢虚伪地回答："我对为您家里添麻烦一事很是痛心，以后不会经常来了。"话刚说完，里谢把走在他前面的兄弟叫到一旁，告诉了他。他们的对话挑起了蒙让夫人的好奇心，蒙让回过头说："是的，夫人，我对里谢先生说自从他来我们家后，天天都有烦人蠢事发生，我让他们别总来。"然而，蒙让夫人马上告诉他们："不要听我丈夫的，我邀请你们来，家里永远都有一份你们的餐具，**我是女主人，我说了算。**"

蒙让夫人撇下蒙让一个人，和朋友们一起往皇家宫殿的方向走去，打算去听一场宗教音乐会；晚上七点多，她和他们一起坐马车回来。蒙让生气道："哪有这样的妻子，自己夸自己老实，却不让丈夫陪着，更喜欢让流氓里谢陪，然后我一推门，看见里谢两兄弟就在门口站着呢，他们跟我说，我才是流氓，是无耻之徒，而他要教会我怎么过日子,又说了一堆讨人厌的蠢话之后,他告诉我**第二天八点来皇家宫殿的福瓦咖啡馆**,说他不会把我耳朵割掉的,我妻子推了推里谢,让他闭嘴,我告诉他们明天不见不散,然后当着他的面把门摔上了,我回到屋里,和妻子说,看看你干的好事,流氓就要把我喉咙割断了,她和我说,我太瘦弱了,不适合战斗。"

第二天八点在皇家宫殿的福瓦咖啡馆见面,这句话说明了一切——这是决斗的挑战书。事情实在是出乎意料。蒙让夫人也开始担心起蒙让来。然而她第一个向里谢保证,蒙让不会去的,因为他太"瘦弱"(指懦弱)了。

决 斗

决斗是贵族和绅士间的战斗,无关公民社会和宗教社会的法律,它是一种仪式,也是一种"反社会契约"[1]。16世纪广为流传的决斗还是贵族的特权,事关荣

---

[1] 弗朗索瓦·比拉克瓦(François Billacois):《16至17世纪法国社会中的决斗,社会历史心理学论文》(*Le Duel dans la société française des XVIe et XVIIe siècles : essai de psychologie sociohistorique*),法国社会科学高等研究院出版社,1986年。

誉时，贵族有权携带佩剑。历史学家弗朗索瓦·比拉克瓦发现，决斗常发生在宗教战争、政治危机或权力空缺期间，是一个"整体社会现象"。事情如此严重，决斗如此频繁，死亡的绅士人数如此之多（1558年到1608年约有一万人因此而亡），以至于王室在1559年、1602年、1613年、1617年和1623年都颁布了法令以禁止决斗。但奇怪的是，这一禁令是以宽容、温和的方式实施的，决斗次数仍在持续增加。1626年，路易十三时期，黎塞留颁布了法令，主张对决斗之人处以死刑，有力地制止了这一习俗。决斗虽被认为是"不敬之罪"，却仍很常见，它是贵族对抗君主制度的一种诉求。决斗是贵族的行为，是对荣誉和权力的渴望，是对国王陛下的法律的藐视，尽管有路易十四颁布、路易十六采纳的禁令，但它依然存在。最终，贵族所主张、所赞扬的决斗，在法国旧制度下既被允许又被禁止。有些地方拥有事实上的豁免权，比如奇迹之殿和一些对公众开放的私人区域（圣殿、皇家宫殿）。简而言之，决斗，是对个人自由的挑战，"荣誉的角斗"这一说法也由此而来；血是高贵的，用血来挑战，身体自会诠释一切。

可以看到，尽管有种种禁令，但非贵族阶层也开始效仿这一做法，日记中记录的此例就可以证明。小场十字街的这群人迷恋贵族的准则，迷恋大人物的行为举止和他们解决荣誉问题的方式，他们想要模仿宫廷中人。

警方的报告可作为见证，尤其是在1777年至1791年警卫费德里奇记下的报告。费德里奇是香榭丽舍大街的警卫，一个瑞士士兵，几乎每周都要写报告。在他的417篇报告中，有近一半涉及各阶层民众之间的决斗。这些人对禁令置之不理，对重伤甚至杀人毫不在意。诚然，他们的决斗并不是按照艺术规则进行的，有时棍棒会代替刀剑。尽管如此，这一现象还是扩散到了社会的各个阶层。决斗本来的目的是洗刷受污的声誉，但更多的时候，是为了报复或解决冲突。当然，在香榭丽舍大街上，也有争执、打架、斗殴，但真正的决斗仍然占据着一席之地。

在费德里奇1778年1月21日的一份报告中，我们能够更好地看到，有时截然不同的社会阶层也会持武器相互对峙。"夏尔·贝尔纳（Charles Bernard），一个胸甲骑兵，在两点半左右与沙皮伊（Chapuis）进行了一场决斗，沙皮伊的右乳头受了很重的伤。前者身着军队制服，而后者穿着便服。我们的士兵对贝尔纳紧追不舍，最后把他和伤员一起抓进了看守所。蒂埃里翁（Thierion）警官来办了手续后，伤者被带到了主宫医院（Hôtel-Dieu），贝尔纳被捕入狱。"

所以警察不会把决斗当作开玩笑,尤其是在双方实力不相等的情况下,而且警官们不需要走其他法律程序就可以逮捕他们。

还有一份笔记中记述了防止决斗的困难。事情的发展非常令人惊讶,日期是1778年3月30日至4月6日:"星期二,两个负责征兵的人[1]下了马车,把剑拔了出来。他们说自己是在开玩笑。他们一直走到香榭丽舍大街的大门,而这两位斗士一走到大门外的城墙后,一人的下腹部就被严重刺伤了。"

决斗频繁发生,屡禁不止,面对这些复杂的问题,费德里奇每次都会根据不同的情况来处理。他们受伤了吗?他们有没有召集观众?决斗是不是自发的?佩剑从何而来?等等。

一份报告阐明了警察对决斗的处理原则:"周一,福柯警官巡逻,只抓了一个人。周六,两名低级残老军官于早上七点因决斗被捕,一人被剑刺伤两处,一处在手上,另一处在身侧,第二处伤势十分严重。一开始我以为他要在警卫处断气了,但经过急救,他脱离了危险,我记得我把他们两个都放了,主要是因为决斗已

---

[1] 负责招募士兵的低级士兵。他们一般都是不择手段,把人灌醉,然后让人在醉酒的情况下签下入伍协议。

经发生，结果也不出我所料，没有造成更大的社会影响。"[1]

当然，蒙让接受的决斗挑战，与香榭丽舍大街上常见的冲突更相似，还算不上真正的决斗。即使被明令禁止，决斗仍是严肃而庄重的。不过，这里要决斗的二人似乎并未做什么特殊准备。

其实，蒙让决定要去决斗，是因为妻子那句尖锐的话狠狠地刺伤了他——他"太瘦弱了，不适合战斗"。蒙让伤了自尊，跑去拿剑，想马上就去决斗。厨师和女店员都拦着他，慌乱中，她们站在了蒙让一边，厉声呵斥蒙让夫人："夫人您怎么能把您的丈夫置于如此危险之地呢？"她们的话有一个优点，就是清晰——用人们知道如何评判自己的主人，知道主人的所作所为是否与其地位相符。蒙让夫妇间的不停争吵，突然染上了让人难以忍受的血腥味。对于厨师和女店员来说，决斗挑战书不能激起她们的任何幻想和兴趣，也不能激起她们对贵族的认同。对她们来说，这只是一种危险的行为，而妻子不能让丈夫前去赴战。

平民禁止携带武器（只有贵族可以携带），可蒙让怎么会有剑呢？编年史学家们经常谈及此处，那就是人

---

[1] 费德里奇：《1777—1791年在香榭丽舍大街上的公然犯罪》，第112页。

们似乎很容易钻禁令的空子。傍晚时分,蒙让下定决心要去决斗,上床睡觉前,他准备好了一些物件:水、旧布和旧带子。"我把它们放在壁炉旁,万一第二天受了伤用,所有一切都是当着妻子的面做的。"

蒙让的虚张声势中混着一丝绝望,而蒙让夫人没有丝毫怜悯,她只觉得他是个怪人,并在沙发上睡着了。蒙让虽在困境中惊慌失措,却对妻子保留着些许关注,因为她睡不安稳,总是醒来,蒙让几次哄她去床上睡。蒙让夫人见蒙让第二天早上六点左右出发,好奇的她嘱咐道:"有心就是最好的行动……为什么您拿了铁剑?还是拿着更有防御力的黑剑吧。"

这对夫妻的奇特关系又一次展现在我们面前,到目前为止,还没有其他档案或文件向我们揭示出如此的怪事——坚持、厌恶、追求自由,渴望从头到脚模仿上流社会,虽说憎恨丈夫,却想要保护他。这些都是蒙让夫妇这一经济共同体中的迷团,此外他们之间还有一种模糊的依恋,夫妇二人也无法说清这种情感具体是什么。

尽管决斗频繁发生,已被滥用,但它仍能决定事件的走向。在当时人们的思想中,决斗占有"过高"的位置,这使得蒙让不惜随意拿把剑就去匆匆赴约。

提前拿好消毒止血用的烈酒和绷带后,蒙让去了皇家宫殿。没有人在那里。他等了一刻钟，看到一个身影走近，是他的妻子。为什么她会去那儿？为什么她在同一早上表现出类似同情的情绪后，又说出了如此暴力的话语？——蒙让在日记中抄录了这些话："他们怎么没来？我很惊讶，因为他们比你更有心，他们会来的。"

用人们暧昧的角色

疲惫的蒙让又等了一会儿，然后走了。决斗通常是一种有致命危险的仪式，但眼下这已经不能叫作决斗，而是讽刺了。蒙让夫人跟在他身后，然后不假思索地叫了一辆马车，准备去里谢家。蒙让平静地回到家中，发现用人们满脸同情："厨师和女店员都很担心，她们对我说，一个老实的妻子，怎么会让自己的丈夫面对流氓、身处险境。"

用人确实有着特殊的地位。像在蒙让这样的家庭里，她们会参与到所有的大事小事中，会在主人不在的时候照顾孩子，并且常常很是通情达理。她们虽不是家庭成员，却胜似家庭中的一员。这就解释了她们自相矛盾的原因。她们常常烦恼，是应该说谎还是道出真相——她们想要说出自己的想法，但也要保住自己的工作。这句话里，"老实的妻子"表示了自己对女主人必

18世纪的女仆，出自《巧克力女孩》，让·埃蒂安·利奥塔德（Jean-Étienne Liotard）绘，约1744—1745

要的尊重,而其余部分则表达了愤慨,无疑是她们对蒙让夫妇的看法。当然,她们和很多人一样,目睹了很多令人气愤的场面,也做出了一些妥协。对于她们来说,肯定是对家庭有些感情的,所以绝不能让决斗发生在这个家中——门儿都没有。

如前文所述,在蒙让夫妇家中只有一个厨师和一个女店员,人并不多,所以她们什么都知道。另外,仆役身份也是常驻在文学和戏剧舞台上的角色:莫里哀(Molière)和马里沃(Marivaux)都曾将他们作为作品中的主角。这一工种的等级制度十分严格,细分为贵族的心腹用人、贴身男仆、制服仆从和贴身女佣,他们的地位与小旅馆的用人有云泥之别。据说,他们知道主人所有的秘密,胸有城府,常常解决、调停冲突,有时也会制造麻烦。[1] 用人们之间也会互相沟通。很多时候,用人容易被表象迷惑,以他们的判断力,并不能适应主人们复杂、不稳定的生活。在商户和手工匠人家,用人并不像贵族家里那样多。这些用人各自的社会成就是完全不同的。

因此,在缺席决斗,加上里谢和蒙让的过火行为这

---

[1] 丹尼尔·罗什:《巴黎人民》(*Le Peuple de Paris*),奥比耶(Aubier)出版社,1981年,第67页,下文同。

一特殊的背景下，用人参与进来也就不奇怪了。女店员和厨师严厉地告诉蒙让夫人，她的态度令人难以接受。

这些责备是不会伤害到蒙让夫人的，她看见里谢兄弟没有按照约定[1]前来，却还是站在了他们那边，她不是说了吗："我很惊讶，我相信他们一定会来的，因为他们比你更有心。"但我们知道，其实她很尴尬，因为不久之后，当她回到家的时候，看到里谢兄弟的马车到了。蒙让夫人对他们用起了尖酸刻薄的字眼："先生们，原来你们就是这样赴约的，你们倒是像英雄一样定下约定，怎么又没来呢？我丈夫可一直等你们来着。"

用人们目睹了这场反转。一方面，在蒙让夫人的心目中，她"瘦弱"的丈夫是个懦夫；但另一方面，他的对手们最终却表现得既不讲信用又缺乏勇气。她"尖锐"地痛斥每一个人，对朋友们不满，对丈夫也不满，从而造成了一个理不清的微妙局面。她梦想中的生活永远也无法实现，这会不会让她永远都不满下去？人们无法容忍她的指责——她辱骂男人懦弱，搅进"神圣"而有象征意义的决斗当中，而决斗本是男人间的事情。里谢两兄弟怒发冲天，跺着脚喊着，大声道："现在怎么女人也能插手决斗约定了，以前从来没有过，往后也

---

[1] 这里的"约定"是指决斗的时间和地点。

不会有的。"他们的男性尊严受到了伤害，而且伤得很重——佩剑和鲜血是高贵、荣誉和阳刚的标志，而女性则无缘参与其中。

当外面吵得不可开交时，蒙让无疑对这一插曲乐在其中，他骗女店员和厨师说自己受了很重的伤。她们正关注着外面的争论，听到蒙让受伤了，吃了一惊，吓得直发抖。好一个恶作剧。蒙让见自己的玩笑吓到了她们，马上安慰起她们来，然后抱怨说头痛得厉害。

最后，激动的蒙让夫人乘上马车准备去德利尼家，事情似乎要结束了。突然，里谢踏进楼上蒙让的房间，大喊道："我来赴约了！""他胳膊下夹着一把长剑，脸色苍白，看起来半死不活的。"

事情太过离谱，蒙让厉声训斥起里谢。他羞辱道："你都不配让我用剑，用棍子就够了。"——里谢被归于"土匪流氓"一伙儿，而非他心心念念的贵族。然后蒙让拿起棍子猛冲向里谢。用人们拉住了蒙让，但无法阻止里谢迅速拔剑。面对危险，蒙让命令女店员赶紧锁上门，去找卫兵和警官。这场闹剧在此刻达到了高潮，恐慌笼罩着所有人。蒙让大喊道："我们得把这个无赖弄到夏特莱（监狱）去。"叫卫兵和找警官虽然是一般人常有的反应，但是做起来没有那么容易，特别是在发生私人冲突的时候。人们从窗口叫了一个萨瓦人来跑腿，而一看到这个陌生人,里谢就惊慌失措,飞步跑下楼梯,逃到德利尼家去了。

我们可以再次看出,蒙让夫人的朋友们无情地"勾结"在一起对抗蒙让,这让他们有了干劲儿,而他们总是被邀请至蒙让家中,有时还是蒙让亲自邀请的。必须指出的是,是德利尼怂恿里谢去参加这场决斗,还劝他不要失约,因为德利尼觉得蒙让一定会害怕。在德利尼家,里谢看到穿着浴袍的蒙让夫人正在梳头发。[1]她马上问他:"事情怎么样了?"那么,不在现场的蒙让是怎么知道这个场景的呢?应该是蒙让夫人或一个目击者与旁人说了,随后消息传到了他的耳朵里。而且,她穿着浴袍在这个地方干什么?而蒙让经常断言说"她没有对我不忠"。据目击者说,里谢被吓得半死,脸色像雪一样苍白,双腿颤抖着,结结巴巴地回忆着蒙让挥舞棍子的场景,唤起自己对警官的恐惧。违法携带佩剑的决斗可带来囹圄之灾。屋内还有日记中提过的银行家博诺,他正与德利尼在谈生意,他对里谢的"疯狂"感到惊讶,训斥道:"怎么着?就是您想和蒙让先生决斗吗?但是您半死不活的,肯定会被杀了的,因为您根本不在状态。"因为担心法律机构会介入,他建议里谢待

---

[1] 蒙让夫人穿着浴袍,梳理着头发,这暗示着她与德利尼关系很亲密。

在那里，命令他"不要和任何人说"。

"不要和任何人说"，是不可能兑现的承诺。脱口而出的话是很危险的。18世纪的巴黎几乎没有秘密，有的是心照不宣、小道谣言，还有因话语、言外之意和窃窃私语成就或败坏的名声。此外，日记中很特别的是，蒙让夫妇的圈子除了兄弟姐妹、双方的父母、用人和假朋友之外，这个群体似乎是封闭的。周围仿佛没有其他人的存在，只由少数几个角色撑起了一个封闭的世界，只以一个人为中心旋转。我们对邻居和顾客等其他情况一无所知。18世纪的手工匠人圈子中，充满了或真或假的言语、事件、情感、新闻，而蒙让夫妇的社交圈似乎与外界没有什么联系，这很奇怪。当然，蒙让没有时间把生活中的一切都写下来，他被妻子的行为所困扰着。但周围的景色总是一成不变的，花园、咖啡馆、家里等，除了在这些地点发生的事件外，没有其他场景的描述。

这本日记的特别之处就在于，它描写了一个小小社会内部相对私密的事件，却对外部情况，或者说自然、政治、社会环境只字不提。生活中没完没了的问题迫使蒙让写得飞快，也让他的生活困难重重。这种精神上的折磨限制了他的历史意识。

第八章

决斗后的混乱

临时起意、不遵守约定、不遵守规则……混乱的"决斗事件"最终引发了灾难。友谊断裂,责难四起。蒙让小心翼翼地记下了博诺对里谢说的话:"您不能去决斗,我劝您放手,不要再多做什么了,因为如果您不幸杀了他,他的家人会为他伸张正义,而您也会被逮捕……"

银行家博诺的建议很具体,在法律层面直接涉及蒙让夫妇间的关系。一切都因这场可笑的决斗而乱了套。争吵的场景一再出现,却更加激烈。蒙让继续写信给妻子的两个姐妹和岳父罗奥,一遍又一遍地、越来越绝望地重复着他的不幸。他的姐夫(或妹夫)负责给他回信,日记里记下了信中无情的回答:"父亲早就对您说过,她会害了您,他提出让您把妻子送进修道院,您拒绝了,他告诉过您,如果拒绝了他的提议,他就再也不会插手了,您再怎么因为妻子指责他也没有用!"朋友和兄弟姐妹都重复着类似的话。蒙让写道:"你们就不应该去你们父亲家住上这倒霉的一个月!我都不认识她是谁了,因为她不知道六利弗尔值多少钱,她也不工作了,只想着玩乐。"

平息争吵

还有一些人十分关心蒙让夫妇之间的问题。若他们夫妇决裂,造成的损失实在太惨重,所以需要不惜一切代价让他们重归于好。调解人德利尼试图说服蒙让不要向警官投诉,以免损害妻子的名誉。这种说法倒是很友好,也很动听,但也相当虚伪,因为在这一长串的事件中,蒙让本人的名誉也受到了损害。一个手工匠人,有一个行为略放荡的妻子,他必然要承担一切后果。德利尼还建议蒙让把妻子接回家,与她慢慢和解,所以蒙让打算为她准备一场晚餐。尽管想要和解,蒙让还是在警察署做了笔录,但没有对此多说什么。

德利尼带着博诺先生回家,惊讶地发现蒙让夫人和里谢两兄弟还在。不管发生了什么,不管他们如何争吵,这个小群体都会以各种各样的方式重新组建起来。事情开始变得超现实起来了,蒙让说连博诺先生都带着蒙让夫人去过自己家,不过具体细节我们就不得而知了。我们不知道蒙让怎么能接受这般古怪的行为。

他写道:"德利尼这个大畜生与里谢两兄弟是一伙儿的,在他家的还有库隆(Coulon)的姐夫(妹夫),

库隆就是蒙让夫人口中的可敬的检察官。然后他们一起去布洛涅森林吃午饭。他们进了一家咖啡馆,在那里点了河鲈鱼,喝得醉醺醺的,之后去了鹈鹕街(rue du Pélican)。他们喝得酩酊大醉,叫了一辆马车把德利尼送回了家,他不记得是谁把他送上床的,然后第二天他又去了佩圣热尔韦(pré Saint Gervais)吃午饭。"是的,午饭,喝酒,吃得像婴儿一般圆滚滚。甚至还有歌谣称赞道:

> 去用晚餐吧。这些餐具是多么闪亮,
> 这些炖菜让我多么快活!
> 厨师简直是神仙下凡!
> 克洛丽丝和埃格勒为我倒上
> 泡沫丰盛的酒为阿伊产。
> 瓶中一股纤细的力气。
> 如同一道闪电击飞瓶塞。
> 它飞了,我们笑了;它撞上了天花板。
> 这种清爽的酒喷吐的泡沫
> 是我们法国人光辉的形象。[1]

---

[1] 转引自米歇尔·德隆:《放荡主义者的处世之道》,第165页。译注:出自伏尔泰的《俗世之人》(*Le Mondain*)。

调停晚餐计划在博诺家举行，博诺是平民身份，但银行家的工作让他不可避免地接触到喜好骄奢淫逸的社交圈子。如此一来，他也受到了影响，"像他们一样抛头露面"成了一种习惯。相对黑暗的路易十四时代过去后，在餐桌上玩儿些新鲜花样是很常见的。小资产阶级和手工匠人们常常目睹这样的场面，因而迷上了这种生活方式。他们享受不同的生活，这种生活也似乎可以提高他们的社会地位。法国旧君主专制制度末期，除了饭馆老板之外，还出现了一种新职业——厨师。厨师在家里为客人做菜，即为餐厅。[1] 随着大革命的到来，这一职业快速发展，厨师因此脱离了贵族，独立门户，而消费者可以在多个地方尝到美食。富裕的手工匠人们在大革命前就已经有了类似的习惯——像蒙让夫妇、里谢等人都会光顾小酒馆，即使蒙让家已经有厨师了。厨师在物质、心理方面都是一个重要角色。因此，在餐桌上缓和冲突气氛是一个好主意。

但在博诺家的晚餐并没有按照贵族习惯的规则进行，因为蒙让夫人又开始了令人难以忍受的抨击和谩骂，说她作为一个手工匠人之妻的生活没有意义、不幸

---

[1] 译注：旧君主专制制度下的饭馆（traiteur）做大锅饭，可以提供酱汁和炖菜，而餐厅（restaurant）可以提供单独的小份量餐食。

至极。用完晚餐后，博诺夫妇把蒙让夫妇送回了家，想找机会再次调解。

可怕的邀请并没有停止。当天，蒙让夫妇邀请博诺夫妇第二天来家里，后者稍作推辞后接受了。连续不断的饭局总以灾难性的结局收场，而下一场饭局又总会再次开始。毫无疑问，这显示出了人们或多或少在有意识地寻找在规矩和快活间取得平衡的"常态"，遗憾的是，"常态"从未出现过。整个圈子似乎走入了一条死路，没有人能解决这个问题。蒙让夫人最终发现，自己就像一个失控发狂的陀螺，没了方向。

我们不知道蒙让和博诺两家的第二次饭局进行得如何。这段时间日记中什么都没有写。11月初，情况不仅没有改变，反而更加严重了。德利尼和蒙让之间的纠纷以大量饮用葡萄酒及酩酊大醉结束，而蒙让夫人则有了新的尝试。为了不和蒙让一起吃午饭，他一出现，蒙让夫人就让朋友们把他送走。每次朋友发出邀请时，她都会不断地喊叫着说："我绝对不想和那个怪物一起出去。"吃惊的朋友们拒绝这么做。博诺反对说："您的丈夫不去，我是不会去的。"于是，蒙让夫人马上找了德利尼一起出门。蒙让到处找他们，"包括那些可以吃午饭、喝啤酒的小地方"，但是找不到。他们从去餐厅降级到了去小酒馆。蒙让到了德利尼家，没有别人，只有厨师来迎接他们。厨师对眼下发生的事情气愤不已，看到自己的主人德利尼受到放荡的朋友们的影响，她既伤心又不快，事事都要抱怨一番。她甚至说出了德利尼目前负债累累的事，还说看着他如此生活都觉得可怜："我的主人最好先还清债务，而不是像现在这样找消遣娱乐，在他度假的时候，有人来扣押了他的动产，要是他的教士没有要求延长时间，就都得卖掉了，他回来之后马上就付清了欠款，您都想象不到您妻子花了他多少钱。"

接下来的日记详述了他们享用的美食和美酒，德利尼准备的丰盛午餐有生蚝、白葡萄酒、白兰地酒渍桃子等等。经历过这些的蒙让坚决要求德利尼的厨师再也不要接待他的妻子，厨师马上答应了。

这一细节增进了我们对家中用人的了解：她们有时是主人的助手和心腹，值得信赖；有时也会举报告发，背信弃义，谎话连篇，甚至会引起家庭纠纷。下面发生的事情就是一例。蒙让去过科舍罗夫人家找妻子，看到她没在后就回家了。蒙让夫人也是看完戏刚刚回到家（还是乘着马车）。蒙让告诉妻子他已经知道她荒唐的所作所为了，还知道她害得德利尼都病了。他补充说："从前还能说她体面，但现在她的名声可是坏透了。"

说一个人不体面是很严重的事。蒙让夫人也知道。

蒙让带着从厨师那儿新得知的消息动身去了德利尼家，把"用人说他的话"都告诉了他。德利尼全盘否定了厨师的说法，并要求蒙让立即离开；随即他又接待了蒙让夫人（事情发生得如此之快，让人没有喘息的时间），向她解释了这一切。蒙让写道："她对着厨师破口大骂，而厨师说她既没看到我也没和我说过话，随后哭着扑到我妻子脚边，保证说是我强迫她讲的，还说我要给岳父写信，让他把我妻子关到修道院里，然后承诺再也不给我开门了。"

承诺与保证一个又一个地许下，谎言一个又一个地脱口而出，说出口的话随即便可矢口否认……这造成了极大的混乱。心神不定的蒙让在毫无意义的追寻中迷失了方向，他下午又去了德利尼家。不堪其扰的德利尼告诉他，厨师否认了对他说过的一切，自己也训斥了她。然后，厨师跟蒙让说了一席话，给了他当头一棒："'先生，因为您，我的主人想把我扫地出门，'她哭道，'您捏造那些话是想断了我的生计吗？我从来没和您说过什么，您心眼儿真够坏的。'我和她说：'亲爱的，您可真是个会抵赖的奸诈小人，还有，我没有捏造，德利尼和我都知道我说的是事实，他想把您赶出去正是因为他知道这一点，我还跟他说了不用这么做，根本犯不上。'"

蒙让坚持着自己的说法，离开了德利尼家。回到他自己家后,他发现博诺夫妇还有另外两个人在家里,而他的妻子邀请他们第二天过来吃午饭,来一起讨论讨论,或许可以找到解决他们夫妻问题的办法。事实上,她已经与他们谈过,说有可能会进行财产分割,并要求他们不要干涉。一切都在以最快的速度崩溃着。

尽管蒙让生动地描述了他妻子的消遣娱乐,但博诺夫妇还是提倡温和地解决,希望他们能达成和解。午餐结束时,像往常一样,蒙让夫人又开始了她那老一套的说辞。博诺夫人再一次反驳了她,说到她的行为举止问题。蒙让夫人一怒之下,将桌子掀翻,"博诺夫人穿上短斗篷赶紧走掉了"。蒙让急忙说:"我现在就去你父亲家告你的状。"蒙让夫人对父亲的恐惧是发自内心的,每每蒙让威胁要把她的行为告诉她父亲时,她都会崩溃,惊恐万分。

事情就这样不了了之。不久后的一天,蒙让回家准备给客户拿一件毛皮大衣时,看到他妻子哭得直发抖,说他不爱她,蒙让又一次心软了。得知妻子还是准备再次去警察署时,他抢先一步,跑去听这些已经听过一遍的话:"你不想把妻子关起来吧?这是不好的。"接下来又是似曾相识的场景,简直让人头疼。这样的生活怎么过得下去?

蒙让夫妇向司法机构提起了第三次申诉——事实

《荣誉信条》,记录了发生在巴黎附近布洛涅森林里的一场决斗。署名戈德弗洛伊·杜兰德(Godefroy Durand)的木雕画,载于《哈珀周刊》1875年1月

上，他们在每次冲突时都会提出非正式申请。这就为历史学上的一种处理模式提供了佐证，即警察、警官和治安副官本人很多时候都以调解为主，而非经常使用镇压手段。其实我们很想知道，他们何时决定以惩罚进行干预，何时认为没有关禁闭的必要。在蒙让一事中，没有犯罪，没有反复虐待的行为，也没有彻底的破产。由于没有任何紧急事务，所以没有惩罚的必要。在18世纪最后四分之一的时间里，由家庭要求的禁闭请愿越来越少；国王因这些请愿而疲惫不堪，逐渐将目光从臣民的私生活中脱离出来。[1]

此外，蒙让夫妇从来没有向治安副官提出正式申请，这一点令人惊讶。他们不走正常流程，而是非正式地写信给他或在警察署约见他。自然而然地，我们注意到，洛莫尼耶警官对蒙让以"你"相称，[2]这证明了他们之间的社交关系，这样的记载在历史书籍中并不多见。但不要忘了，警官几乎认识其管辖街区内的所有居民，了解他们的快乐与不幸，并与他们建立联系，在这种联系中，既有仁慈也有权威的姿态。像这样与警官有

---

[1] 阿莱特·法尔热、米歇尔·福柯：《混乱的家庭：巴士底狱档案馆中的密札》。
[2] 译注：法语中对他人以"你"相称，多出现于成人对儿童、上级对下级，或是关系亲密之人的对话中。

关的日常生活，对我们了解司法系统有很大帮助。这将是另外一个完整的历史课题。

在好几个场合中，蒙让的态度都说明了他们二人的社会地位并不平等。他当然可以很轻松地与警官交谈，但他去见警官时，必须"衣冠楚楚"。这是他的表达方式。他对自己着装的要求代表着很多含义，其中包括对警察当局应有的尊重，还有前文所提过的，他对自己的表现和名誉的忧虑，以及对外观的重视——从他在意裤子上的小洞一事即可看出。"男性民众接触到了时尚的气息。男性服装有了新的消费者……现在需要的是展示自我的感觉。本该实用的东西变得毫无意义，与贵族、富人越熟悉，民众的模仿能力就越强，这种模仿能力在日常关系的接触中成倍增长，直接决定了他们的消费量。"[1]

态度的转变

到了1774年11月中旬，虽然蒙让夫人嘴上答应着丈夫和朋友们自己会重拾工作，但什么都没有按计划进行。此时她再也不想和蒙让一起出门，也不想让他陪

---

[1] 丹尼尔·罗什：《巴黎人民》，第176页。

着，拒绝去他的朋友家，比如她经常见的博诺一家。虽然如此，蒙让强调了她仍然经常出门，到处"不断干蠢事"。蒙让夫人说她有时去科舍罗夫人家，这点可以得到证实，因为科舍罗夫人向蒙让汇报了她是如何在背后骂他的。"她还说……我说了她成百上千的坏话，别人建议我去科舍罗先生的办公室，我去了，给他看了我妻子写的信，里面写着她对父亲和科舍罗夫人的不满，然后我同他讲了我这段时间是怎么过来的。"

一番谈话后，科舍罗立刻做出了回应，他再次答应蒙让不会再见蒙让夫人了。"尤其是他已经知道她对自己妻子做了什么——让他妻子生病了，他爱妻子，不会再让她生病。"

科舍罗回到家后，和妻子说了蒙让夫人的卑鄙行径，要求妻子"再也别去她家，因为她还会搞出别的麻烦"。下午，科舍罗夫人去见了蒙让夫人，和她说了信的事情。蒙让夫人像往常一样哭倒在地，她说自己"一时冲动才写下了这封信，她这辈子都绝对不会和她闹矛盾的，然后她们彼此相拥，但是晚上她冲我发了好大一场火，因为我让别人看了信，她想让我把信还给她"。"我绝对不想。"蒙让写道。

这时，情况有所变化，出现了一个真正的法律问题。以前，他们说要去找警官，找治安副官，申请关禁闭,但都没有实际做到最后一步。这一次,蒙让夫人准备主动做假证:"她和我说她会去做财产分割,之前她父亲曾想这么做,现在她会让父亲如愿以偿,如果父亲想带她走,她也会走,她还说我对她说过,我是个赌徒,是个在赌场花光了所有钱的男人,这是假的,我敢说从没有人在赌场看到过我。"

做过这一申报后,蒙让夫人继续着吃饭、娱乐、醉酒的生活,去德利尼家,和他一起散步,身边常伴的还有库隆,蒙让夫人口中的"尊敬的检察官"。他们在拉佩河畔(quai de la Râpée)见面,因为那里似乎可以吃到美味的水手鱼(matelotes)[1]。这期间,他们的小女儿自己在家,而蒙让说为了看他妻子有没有回家,他往家里跑了无数趟。一切对德利尼的指责都毫无作用,德利尼还是总来家里找蒙让夫人一起出门,经常是和西蒙先生的印刷工小伙子一起。

一天晚上,蒙让回到家后,从厨师那里得知,德利尼和印刷工小伙子又叫了萨瓦人来敲家里的门,找他的妻子。蒙让在日记中记录如下:"四点半派萨瓦人去叫一个老实的女人,这在街区里可真是个坏榜样。"

对名声败坏的恐惧让蒙让心惊胆战,他的这句讽刺

---

[1] 译注:由葡萄酒和洋葱,或加其他蔬菜烹制的鱼肉块。

说明了很多事情，蒙让自己也希望被当作值得尊重的社会阶层的一员，是严肃认真的手工业界的优秀代表。他的问题不在于"展现"自己，不在于他的衣装打扮、饮食习惯、娱乐活动，而是害怕成为一个坏榜样。然而，能够如此败坏他名誉的，正是来叫他妻子的萨瓦人[1]。正式"来"叫她，像她找不到其他人陪伴似的，这种做法越过了一条新的界限，那就是把她当作妓女一样对待。又一次，妻子的不检点让蒙让的名声变得不堪一击，他大发雷霆，喊着："让萨瓦人来找一个女人是对她的不尊重！"纠纷和谎言再次出现，蒙让夫人说她刚从科舍罗家回来（这时她正在为没能和德利尼一起去看戏而生气）。蒙让生气了，马上写信给科舍罗一家。但他们没有回信，也拒绝见蒙让，并警告说要是他敢来，就让用人"好好地给他来几棍子"。显而易见，什么事情都要用人来做：同情主人，照顾主人，尽心尽力地为主人提供建议、计谋和谎言，还要对主人憎恨的人给予狠狠一击。用人的优势在于无所不知，可以到处传播家里的秘密，因此营造出一种羡慕与嫉妒交织的特殊的社会氛围。在家佣身上，可以看到18世纪中叶出现的变

---

[1] 据说，有时人们会叫萨瓦人晚上爬上窗边的梯子，轻轻敲几下玻璃，然后塞进几块钱。

化无常的民意的雏形。

收到可能被如此"招待"的警告后,蒙让决定不再去接触科舍罗一家,并在日记中记道,他并不是一个懦夫,但如果他"挨了用人的棍子,会生不如死"……

日记的中断

1775年1月,日记中的记述变得模糊起来。叙事风格发生了变化,而笔迹没有变,的确是蒙让写的,但他不再使用第一人称。其中出现了一位最高法院检察官,布隆多。"1775年1月28日,最高法院检察官布隆多先生告诉申诉人,他可以与罗奥先生,即申诉人妻子的父亲达成协议,把申诉人的妻子关起来一段时间,好让她从目前的精神状态中解脱出来。"蒙让真的提起申诉了吗?我们不得而知。

日记即将接近尾声,笔迹变得难以辨认,纸页中沾满了泥。所以我们很难读懂发生了什么事,这些事好像完全没有意义。我们猜测,蒙让夫人带着厨师去露天咖啡馆的次数越来越多,甚至对她重视的地位也没有了热情。她再也不寄希望于与上流社会为伴了。而蒙让依然在凄风苦雨中工作着,家中乱了套,"妻子不在用人也不在,孩子无人照看"。萨瓦人看孩子,管日常用品。

不幸的蒙让并不知道怎么应对此景。

一张未注明日期的散页为这些事件画上了句号（或者也可以说没有画上句号）。那是有关孩子的问题，蒙让经常照顾孩子，哄她们睡觉，为她们做饭。而这次，蒙让夫人禁止他安抚孩子，他们激烈地争吵起来。另一天，蒙让收到了一封来自荷兰的信（我们知道他在荷兰有生意），不过他不在的时候，蒙让夫人把信拆开了，她找到了一张价值156利弗尔的汇票，她让别人在汇票背面签了蒙让的名字，把钱都取了出来。蒙让很久之后才知道这件事，而蒙让夫人早已用这笔钱买了细棉布的裙子……文中的最后一句话似乎是说解雇了用人。

从这之后，无论是蒙让夫妇、他们的孩子，还是他们之间的激烈争吵，我们都一无所知了。这些争吵在绝望与依恋混杂的驱使下，为他们的生活涂抹上了一层色彩。

日记就这样结束了。没人知道为什么它就此中断，也没人知道为什么蒙让突然自称"申诉人"，而几行字过后又用回了第一人称"我"。我们不知道蒙让夫人之后怎么样了，也不清楚是否有人违背蒙让的意愿而对她提起了申诉。手稿不会说话，它是众多案件中孤立的一份档案，来自德索尔莫警察署，被标明为"各种类型的文件"……

历史还是假想？结局是什么？

我们只能试着想象出一个可能的结局。有一个矛盾尚待解决：的确，正如保罗·利科（Paul Ricœur）所说，历史学家在进行研究时，必须把对故事结局的认识内化。他要对所研究对象的未来心中有数。考虑到档案的空白，在蒙让夫妇一例中，我们只能想象其可能性。虽然手稿是司法系列档案的一部分，但与其他文件不同，它不具有任何法律要素。法国国家档案馆的行话中有个词叫作"遗留问题"，这本日记就是如此，它是不能被分类或编目的档案。当然，读了日记就知道蒙让夫妇与警察是有联系的。日记中提到了两位警官以及治安副官，他们都是当时的重要人物。应该再次强调的是，治安副官用"你"称呼蒙让，这不太常见，但我们不了解除了这次谈话以外的故事。他们互相认识吗？没有证据可以证明。蒙让先生的家人可能想要把蒙让夫人关在巴士底狱，因此他与治安副官见过面。然而，蒙让并没有下定决心，副官只用了一句简单的话就打消了他的念头。

因为缺乏资料，所以需要做出假想。虽然没有任何证据，但看到蒙让筋疲力尽的程度，我们也能想到另外一种结局。一直以来，家庭会干涉个人，是很有影响力的存在，所以很可能是家庭成员申请把蒙让夫人送进了修道院。根据情况来看，这是一个很有力的假设。

在当时，将女性送进修道院的做法比较普遍。事实上，国家档案馆还有一个系列档案，其中都是被送进修道院的女性的档案记录，特别是有很多玛德龙奈特（Les Madelonnettes）修道院[1]的档案。我们可以读到，丈夫写信将他们的妻子托付给修道院。对这些女性的行为评语及她们写的请求原谅的信也被保存在那里，可以看出修道院有着严格的规章制度。修道院中的生活远远称不上舒适。其中一例便足以说明：1779年，一位愤怒的丈夫要求不许妻子吃她爱吃的食物，并要求她必须做长时间的家务……如果是对蒙让夫人，这种惩罚可算得上严厉了。

但这一结果还要取决于另一个重要因素——爱。我必须做出取舍。要么蒙让先生还爱着他的妻子，顶着来自家庭的压力，无论如何也要试图修复他们的关系；要么他筋疲力尽，发现自己无路可走，想保护孩子们，最终接受并在修道院禁闭的申请上签了字。他读着日记中

---

[1] 档案编号为A.N. L 1068 Les Madelonnettes, 1779。

的文字,看到一次又一次的危机,越来越怕自己失去社会地位,这让他的爱情面临一场严峻的考验。把妻子送进修道院,对他来说会是一种解脱,但对蒙让夫人而言则将是不幸的开始,那里的生活将与她巴黎小放荡主义者的快乐生活相去甚远。

理解?

带着耐心与迫不及待的心情,我们试着理解并分析了大量家庭和朋友间的纠纷,这些案件在传统的史料中极少出现。我们尝试了一个又一个场景,从房间到餐厅,从厨房到赌坊,不为别的,只为去理解一位相对富裕的手工匠人的苦恼。他震惊于妻子的娱乐消遣,左右为难,激动又担心,而他的妻子却在那个时代出乎意料地选择了不去工作。作为历史学家,我们也想要理解、诠释、描述这一生活片段,并不是因为它看似"疯狂",而是因为它的每个细节都为我们带来了新的认知:比如各社会阶级之间的关系,比如某些手工匠人阶层想要步入上流社会却无法实现的渴望,比如女性的欲望——想要男人环绕身侧,参加聚会,挥霍夫妻财产。这是一个多元化的社会,用人和女店员也参与其中,她们不想失去自己的位置,靠着背叛、眼泪和谎言度过糟糕的日子。而这对夫妻间毋庸置疑的不和已成僵局。丈夫觉得自己严肃认真（事实似乎也是如此），在乎自己的名誉，在乎妻子；而妻子迷恋着自由与快乐，性情暴躁，破罐子破摔。更何况她的中心思想是"不想工作，应由男人养活女人"，在这一想法中，我们很难真正地解读出一个解放时代的曙光……

结论

奇特的悲剧

这是一本独一无二的日记，它展示了一段动荡不安的生活中的片段。它只是一段片段，这是否意味着它就没有任何代表性呢？至少，它是一个标志。日记对当时的社会和政治只字不提，却近乎偏执地日复一日记录着日常生活，初见平淡无奇，却渐渐地呈现出高明的心理战，这场战争发生在一个惊人的封闭的社交圈中，关系到十几个人。任何读者都能感觉到，理解日记中的故事是一项艰巨的任务，要辨认出数百次的来来往往，辨别出是在外面还是在家里吃的午餐，理清楚蒙让夫人与某位朋友的相识——这些人已准备好参与到她的欲望与梦想中。还不仅仅是这些。有时，蒙让的笔下带着担忧，好像一直屏着气一样，会让我们有所怀疑，觉得他不可能编造出这么多的细节，如果这些不是事实的话，就不会如此清晰准确、多彩而具体。这些事件虽然难以捉摸，不好解释，但不意味着它们是无法理解的。在一定程度上，这些事件是可以理解的，它们描绘出了如此不同寻常、让人气喘吁吁的生活节奏,[1]这需要我们屏息关注每个人的行为,同时也要对这一生活方式提出许多疑问。

从食材到厨师准备的饭菜,再到蒙让裤子上的小洞等等,这些数不清的细节是否有历史上的意义?也许有人会认为这些都是琐碎小事,其实不然——人类学家和作家,比历史学家更在意这些日子中的鸡毛蒜皮。一些历史学家已经开始朝着细节的方向去探索,这是一场不寻常的赛跑。从研究情感史的罗贝尔·芒德鲁(Robert Mandrou)开始,吕西安·费弗尔(Lucien Febvre)以及其他许多人也参与进来了。作家皮埃尔·米雄(Pierre Michon)的《显微人生》(Les Vies minuscule)冲破了小说与历史的束缚。早在他之前,我们还能想到作家米歇尔·莱里斯,他在《非洲幽灵》[2]一书中写道:"把特例推至最后才能达到整体,把主观性最大化后,我们才能摸到客观性。"当时这一著作几乎是反传统的。后来有了娜塔莉·泽蒙·戴维斯(Natalie Zemon Davis),还有卡洛·金兹堡(Carlo Ginzburg),从而兴起了微观史学。

---

[1] 如果每个家庭都是这样,那就太让人惊讶了。不过私人日记如此少见,可能会让人以偏概全,得出错误的结论。

[2] 米歇尔·莱里斯(Michel Leiris):《非洲幽灵》(L'Afrique fantôme),伽利玛出版社,1934年,第214页。

"即使是一个极特殊的情况,也可以作为正面或负面的代表,因为它可以划出每个人潜在的可能性的范围。"在这句话中,我们想要反对的是,每个人的潜在可能性只能在一个时代内、在一个社会和政治背景下观察,否则就没有意义。

当福柯等人写下《我,皮埃尔·里维耶》(*Moi, Pierre Rivière*)时,其中提供的详细情况是非常重要的——"我们必须在叙述中带入动作和对话,而这些寻常的东西因被认为不够重要而通常没有立足之地……这样一来,如此叙述便可以将熟悉转化为杰作,将日常转化为历史。此外,在人们的记忆中,这些微不足道的事件——虽然频繁出现且单调——必须是独特而非凡的。"

我相信,只要福柯理解其中发生的事,他肯定会"喜欢"这部家庭闹剧。他不会厌烦蒙让夫人那些相似、单调、坚定、自信正确的话语,还有那些频繁出现的、雷同的事件。他一定会震惊于这些私人又非凡的细节,虽然完全没有透露出任何政治和社会背景,但他会明白,这些细节编织出了一段真正的历史。因为它们**既**表达了女性的挫败感,**又**表达了人们对提升社会地位的渴望。他们面对的是越来越浮夸的奢侈之风,尽管后者在世纪末将受到威胁。总而言之,这像是一个故事中的故事:手工匠人蒙让想最大限度地维护自己的尊严,保持自己的社会地位；蒙让夫人拒绝社会与时代赋予她的角色，试图逃离，身份却一再降低——她的社会地位没有晋升，反而一落千丈。一些不可思议的事情发生了，因为她逐渐降低社交标准，有着跌入社会底层的危险。最终，陪伴她、与她一起散步的是一个萨瓦人和一个厨师，因被认为社会地位低下，她时常遭到拒绝，这不禁让人感慨万分。

当财富成为一个人无上的功德、唯一的真实的时候，他整个人就会发生变化[1]，衣装也随之变化。人们装模作样，十分可笑，正如圣西尔在《世纪景象》中所说："城里人是模仿宫廷中人的猴子。"[2]蒙让夫人便是如此，她毫无品位和礼节，模仿着那些虚荣的交际花。"时尚的激流不受控制而又多变，旋涡般席卷而来"[3]，侵蚀着君主制的先验的合法性。人们不做政治上的阶级斗争，而是用衣装、肖像画、午餐和看戏等标准来判断、衡量对方。蒙让夫人投身于这一潮流，是注定会失败的。因为失败，她的生活也逐渐变得支离破碎，她所珍视的外貌也是如此。她多次呕吐，面容憔悴，而蒙让

---

[1] 菲利普·佩罗：《外观的研究或18至19世纪女性身体的转变》，第37页。
[2] 圣西尔（Saint-Cyr）：《世纪景象》（Tableau du siècle），日内瓦，1759年，第141页。
[3] 菲利普·佩罗：《外观的研究或18至19世纪女性身体的转变》，第37页。

的生活也不再令人羡慕。

这段历史反映出一个值得注意的状况，充斥其中的细节证明，那些在众生与事件最深处探索的人是正确的。各个独特的人物形成了一个**集体**。即使每个人都有着自己的动作、习惯、嗓音，有着温柔、激动和健谈的时刻，他们彼此间也都有交集（共同点）。我们在每个阶段、每个步骤、每个诉求、每个请愿中都能看见冲突，冲突实际上超越了家庭空间，成为了政治范畴的现实——当时的编年史学家有时喜欢提出这个问题，如雷蒂夫（Rétif de la Bretonne）、梅西耶，甚至书商西梅翁－普罗斯珀·阿迪（Siméon-Prosper Hardy），他在自己的日记《我的爱好》（*Mes loisirs*）中也提出了这个问题。

当人们——特别是女人——想转变自己的角色时，就等于想破坏现有的秩序。这不就是反抗的开始，也正是反抗的本质吗？其实正是浮夸的奢华压垮了那些想享受奢华的人。在这段时间里，手工匠人蒙让在踟蹰中试图承担自己的责任，拼命地工作，尽管他冲动而坚定的妻子屡屡令他分心；蒙让夫人的诉求更多的是"尽可能地玩乐"，而不是**女权主义者的态度**。除非在这个启蒙时代中，享乐与女权能以某种方式交会。

蒙让夫妇间的差距还有一个作用，就是改变了我们对当时的工匠夫妇及他们的孩子的看法。邻居注视着他们、评判着他们。因为是潜在的顾客，左邻右舍在经济市场上起着决定性的作用。手工业界传统的婚姻承诺被打破了，所以我们也就更容易理解为什么蒙让夫妇的圈子如此封闭，只有少数几个朋友，而这些朋友与他们利益相关，却谈不上忠诚，其中一些朋友有时表现出同情，希望他们和解，但转天就背叛了自己的承诺。在这里，历史正在萌芽，尤其是男性/女性的历史，其中的每个人都在寻找、探索自己的角色，尤其是蒙让夫人。

我们再来举一个很小的例子，那就是马车的使用。每天这个人或者那个人坐着马车来，叫辆马车出门，深夜再乘着另一辆马车回来。马车费用很高，蒙让、德利尼、用人们都反对叫车夫这一便利之举，但是为什么蒙让夫人总要乘坐马车呢？梅西耶和其他许多人都说过：马车和车夫对富有的人来说算不上什么。事实上，再往下一点的社会阶层，人们使用的是一种叫"杜尔哥车"（Turgotine）的马车［加布里埃尔·德·圣奥宾（Gabriel de Saint-Aubin）的画中曾出现］，车上的乘客都挤在一起，站在泥泞的木板上。虽然马车比较舒适，但远谈不上奢侈。然而，马车实际上是一种标志，代表着蒙让夫人对权力的渴望。蒙让自己解释过，为了节省马车费用，他选择徒步去日索尔看望妻子的父亲。

这些细节令人颇费思量：蒙让夫人眼中的马车并不等于丈夫眼中的马车。它首先是一种出行工具，贵族出行全都乘坐马车，当然，他们乘坐的是四轮豪华马车；其次，若要多结识一些人，它就是一种必不可少的媒介。在这一前提下，马车是载着蒙让夫人"出行"去寻找乐趣，却只是"运送"蒙让去工作。这不是一回事。对此类态度的感知和理解，与一些社会学家所推崇的"统一心态"背道而驰。

从这段文字出发，我们还可以尝试理解人类学家阿尔贝·皮耶特在其《行为民族志，细节的观察》一书中的劝告。"记录生活的流动，还是要根据不同的心情、感受和情绪，捕捉当下的体验，比如一种义务或约束、一种策略、一种自由。"[1]

男人和女人不仅仅是他们文化的产物，他们的声音、姿态、行为乃至他们的"犹豫不决"都是故事甚至是历史的一部分。当然，它们构成了一个整体，但它们的多样性决定了各种类型的历史事件是否得以发生。即使个体"完全被集体表征、集体情感所掩盖"[2]，个体意

---

[1] 阿尔贝·皮耶特（Albert Piette）:《行为民族志，细节的观察》（*Ethnographie de l'action, l'observation des détails*），梅泰里耶出版社（éd. Métailié），1996年。
[2] 马塞尔·毛斯（Marcel Mauss）:《社会学与人类学》（*Sociologie et anthropologie*），巴黎，法国大学出版社（PUF），1964年（第1版）/1985年再版，第290页。

识也始终存在。

读日记时，首先映入眼帘的就是这个群体的范围之小：一家人，两个用人，四五个朋友——有的朋友还随着时间而改变自己的态度。与其他手工匠人相比，他们的社交真的很少。让我们回忆一下1750年发生了什么——根据条令，警察决定抓捕巴黎街头的流浪者，简单地说，这之后发生了一场严重的暴动。[1]暴动的暴发自有其原因及发展逻辑，当然，暴动中也肯定会有人伤亡。人们纷纷以不同的方式反抗警察的恶行，有的父母去监狱给孩子送汤，没有孩子的男男女女去"拍打"监狱的门。在这里，我们读到了父母对子女、对子女教育的关心，也读到了他们面对不公时的反抗。"集体总是把信仰留给个人"，这并没有毁掉集体或个人的信仰，相反，却把它们编织在一起，创造历史。

蒙让夫人的个性中之所以会有我们所观察到的那些

---

[1] 编者注：由于前文提到的大饥荒，很多衣食无着的流民涌入巴黎。无业游民、流浪汉等聚集在街头，扰乱社会治安。1749年底，法国当局发布条令，警察有权抓捕、囚禁巴黎街头的乞丐和流浪汉。1750年5月1日，在圣劳伦郊区，有20多个13至15岁的孩子聚集在路边玩耍，一个当值警官抓捕了其中6人——当时，一则谣言正在城中流传：警察不仅抓捕流浪汉，还绑架儿童，向其父母索要赎金。这次抓捕立刻令全城的父母都紧张起来，城中爆发了零星的骚乱，并逐渐演变成波及全城的暴动。详情可参见本书作者与雅克·勒韦合著的《谣言如何威胁政府：法国大革命前的儿童失踪事件》(浙江大学出版社，2017年)。

特征，是由于她个人身上的悲情因子、她对社会的完全不理解以及她生活在冷漠中的事实共同造成的。对她来说，发生在巴黎这片土地上的集体情绪是没有意义的。只有个人才是最重要的。她并不是与世隔绝，因为她非常了解豪门贵族的生活习惯，但她根本不知道如果自己试图融入这个环境会有什么后果。父母、兄弟、姐妹、用人，谁也管不了她，没有人能跟她讲得通道理。她想模仿贵族的所有行为习惯，而这注定是无法实现的。有些习惯甚至是她想象出来的，她连模仿都不知从何下手。但她已经沉浸在一种对奢华生活的幻想中，打开那扇她想体验的世界的大门。

这群人居然还想要决斗。决斗代表着至高无上的贵族的男子气概，而他们最后却以一种悲惨的方式收场。在当时的社会中，决斗是贵族姿态登峰造极的一幕，而这群人为了不按时参加决斗而躲避、失约，最后甚至挥舞起棍子，简直是讽刺。参与这场决斗的人与"真正的决斗者"之间的差距如此之大，他们自己也感到耻辱，却什么都做不了，只能以互殴和喝酒来发泄。这场战斗展露出了人们对另一种社交准则的极大渴望。

我们可以认为，决斗是这部"史诗"的关键时刻之一。日记中一切都是摇摆不定的，没有规则可言，而要使决斗成为凝结着荣誉与血的约定，规则是至关重要的。决斗是被明令禁止的,任何人都没有权力决斗,然而这场决斗还是发生了,而且是在双方意图不甚明了的情况下发生的。

日记中有基于集体表征的个体逻辑,但这些逻辑会碰壁,因为它们属于另一个我们无法到达的世界。正如阿尔贝·皮耶特所说,"在情境中看人"[1]。蒙让夫妇所建立的关系对他们二人来说意味各不相同,在他们关系的中心,"两个人(有时)不在同一水平线上"[2],在这段关系中,蒙让夫人永远也不会得到满足。她所遇到的那些人,只是她所渴望的世界的苍白复制品,是能让她高兴一时的代用品,能给她的生活带来一丝甜蜜,却不意味着她进入了上流社会。所以,我们能理解她近乎"病态"(如果这个词还没过时的话)的焦躁,理解她对家庭、父母姐妹和孩子的不适应。她想成为的那种"女主角"有一个不足之处,那就是在女性工作上的看法。在乡下体验过悠闲、无所事事的生活后,工作对她来说就意味着失败。她这种态度其实有点复杂,复杂之处在于,今天我们可以认为这是思想的解放,但是如果我

---

[1] 阿尔贝·皮耶特:《独特性与关系》(Singularité et relation),见《从本体论到人类学》(*De l'ontologie en anthropologie*),伯格国际出版社,2012年,第65页。
[2] 同上书,第66页。

们跟随她的步伐，观察她每天的生活，聆听她成百上千次重复过的要求，我们就会发现，她蔑视的其实是手工行业。

在想要摆脱困境的过程中，野心勃勃又善变的蒙让夫人达到了她自身情况的极限。她的生活中，工作变得无趣，孩子们需要花费大量时间照看，她的渴望因自身条件和声誉而受阻，她想逃离这样的生活，却因无力摆脱社会生活规则的束缚而无法逃离。旧制度造成了差距，而她的悲剧正是这差距造成的。蒙让则没有逃避，他在自身条件的基础上，确保体面地赚取财产。这种状态有可能让人想到包法利夫人或其他人物，但蒙让夫人的生活远比她们简朴。她的厌倦来自"不是自己想成为的人"，根植于她想要跻身上流社会的渴望中。

与福楼拜虚构的人物截然不同，她被围困在自己固守的渴望中，她寻求的是陶醉与兴奋，而不是激情和情欲的升华——在转向浪漫主义前，这是难以想象的。厌倦是她烦恼的原因，但烦恼的形式却随着时间的推移而变化。我们自然会想起玛格丽特·杜拉斯（Marguerite Duras）笔下的人物，或者20世纪60年代的资产阶级女性，她们被关在家里，没有工作，没有激情，每天都要重复同样的动作、同样的话语，翻来覆去地想同样的事情。当与她同时代的女性清楚地意识到无形的社会等级界限并陷于绝望之中时，蒙让夫人希望能逃离自己的身份地位，以摆脱这种萎靡的状态。

不得不说，我们在日记中第一次读到"应由男人来养活女人"时，就感知到了一种反转角色的欲望，一种对男性主导权的挑战；其实，这也是在讲一个女人对于没能如愿成为伟大而被认可的自己的厌倦。我们必须注意不能对蒙让夫人做出过于现代的解读，因为这种解读会扭曲文中隐约出现的历史进程。我们面对的似乎是一个更加沉重而频繁出现的问题，那就是由贵族的奢华所带来的社会等级的上升问题。如果不仔细考察社会分层和奢华之风盛行的现象，我们可能无法构建正确的分析结构，遑论深入分析男性与女性的关系了。

作为一个历史学家，我想要思考蒙让为什么要写下长篇日记。他几乎是一气呵成，对我而言，他并没有享受到任何写作的乐趣，甚至也不想让本来就很琐细的东西变得"更细微"。我想沿着一个受伤男人的艰辛之路，从史学的角度记录具体的情况，记录其中这一单纯个体和他周围的人的行为和思想，记录他对自己无能的愤怒、对他人的看法和羡慕之情。我试着剖析入微，研究其中是否有社会同质性，以及社会抱负是否可以转变或打乱局面，而这些局面，我们有可能认为它们是与难以捉摸的同类模式密切相关的。从古至今，个人的反抗总是出现在不同的生活间隙中。

这本日记有着电影般的快节奏，历史学家必须尽量以同样的速度"转动影片的胶卷"，否则将永远无法知道社会政治的真实情况和复杂性。忽视它们就是否定我们的现在，更让我们无法迎接未来。

历史不是为了能够描述蒙让家无数次的生蚝大餐，也不是为了描述蒙让夫人腮红的颜色，而是为了渗入人们生活最细微的行为和意图中，为了不再用"那些人……"这种频繁出现的话语来形容那些面目模糊的普通人。他们是活生生的人，他们的存在、行为和话语也能展现出一段历史，然而我们很少在丰富而多样的历史中花时间去讲述他们的故事。瓦尔特·本雅明认为，这是历史的缺憾。